BEBOPEMJAZZ
BLUESNAGUITARRA

Conceitos Criativos para Dominar a Linguagem do Bebop em Jazz Blues na Guitarra

TIMPETTINGALE

FUNDAMENTALCHANGES

Bebop em Jazz Blues na Guitarra

Conceitos criativos para dominar a linguagem do Bebop em Jazz Blues na Guitarra

ISBN: 978-1-78933-068-7

Publicado por **www.fundamental-changes.com**

Copyright © 2019 Tim Pettingale

Tradução: Daniel Bosi

www.fundamental-changes.com

Twitter: @guitar_joseph

Mais de 10.000 curtidas no Facebook: **FundamentalChangesInGuitar**

Instagram: **FundamentalChanges**

Para mais de 350 aulas gratuitas de guitarra com vídeos, acesse

www.fundamental-changes.com

Foto da capa: Robin Fritzson/Shutterstock.com

Dedicado ao meu grande amigo Joseph Alexander – obrigado pela oportunidade!

Outros Livros da Fundamental Changes

Sumário

Conteúdo

Introdução

Eu comecei a tocar guitarra junto com um amigo. A partir do momento que tínhamos aprendido três acordes, tocávamos blues por muitas horas e revezávamos as partes de base e solo. Tocar um refrão atrás do outro e ouvir muitas músicas me auxiliou a aprender a linguagem da improvisação, ajudando-me a estabelecer um vocabulário musical básico.

Conforme me aprofundei no jazz, eu procurei ajuda para aprender como reproduzir a sonoridade dos músicos com os quais eu me identificava. Eu explorava com a abordagem de "aprenda um modo/escala para cada acorde", mas achei isso muito racional e um tanto difícil de entender. Muitas pessoas usam essa abordagem perfeitamente bem, o que significa que eu tenho um jeito diferente de aprender. Eu senti um avanço quando aprendi algumas ideias de substituições simples de acordes e repentinamente fui capaz de criar "aquele som" que eu ouvia de outros músicos que eu admiro. Estou animado em compartilhar estas ideias com você neste livro.

Todos os conceitos neste livro possuem explicações teóricas e podem ser vistos tanto de forma modal ou como extensões de acordes. Discutiremos uma quantidade limitada de teoria. Em vez examinar a teoria com profundidade, este livro deliberadamente emprega uma abordagem simples, fácil de memorizar, "use no seu próprio jeito de tocar, logo de cara". O foco aqui é redefinir o propósito das coisas que você já conhece para aumentar seu vocabulário no jazz, tomando o blues como ponto de partida.

As linhas melódicas ensinadas aqui são evocativas de grandes nomes do jazz como Joe Pass, Wes Montgomery, Pat Martino e Jim Hall. Ao tocar os exemplos musicais, você começará a reconhecer ideias similares e frases que você pode ter ouvido nas performances desses músicos. Entretanto, eu não acho que Wes alguma vez pensou: "agora eu vou tocar esta substituição...". É mais provável que ele apenas tenha expressado as ideias musicais que ouviu na sua própria cabeça. De forma similar, meu objetivo é ajudá-lo a assimilar essas sonoridades *na sua cabeça*, para que no fim das contas você esqueça de todas as técnicas e apenas toque o que ouvir.

Por fim, recomendo que você invista o tempo adequado em cada conceito antes de avançar para o próximo. Eles são bastante acessíveis e você pode explorá-los imediatamente, mas os resultados vão aparecer quando você investir tempo para incorporar cada ideia na sua forma de tocar, tornando-as parte natural do seu vocabulário.

Divirta-se e aproveite,

Tim

Obtenha o áudio

Os arquivos de áudio para este livro estão disponíveis para download gratuito no site **www.fundamental-changes.com**. O link está no canto superior direito da página. Basta selecionar o título deste livro no menu e seguir as instruções para obter o áudio.

Recomendamos que você baixe os arquivos diretamente no seu computador, não no seu tablet, e extraia os arquivos no computador antes de adicioná-los à sua biblioteca de mídia. Você pode então colocá-los no seu tablet, iPod ou gravá-los em um CD. Na página de download há um PDF de ajuda e nós também oferecemos suporte técnico pelo formulário de contato.

Kindle / Leitores de e-books

Para obter o máximo deste livro, lembre-se que você pode **dar dois toques sobre qualquer imagem para ampliá-la**. Desative a visualização em coluna (vertical) e segure seu Kindle em modo paisagem.

Para mais de 350 aulas de guitarra com vídeos acesse:

www.fundamental-changes.com

Twitter: **@guitar_joseph**

Mais de 10.000 curtidas no Facebook: **FundamentalChangesInGuitar**

Instagram: **FundamentalChanges**

Obtenha os áudios gratuitamente:

Eles dão vida ao livro e você aprenderá muito mais!

www.fundamental-changes.com/download-audio

Capítulo 1. Revisão de Blues

A progressão básica de blues e voicings típicos de acordes

O blues segue um formato básico com três acordes, consistindo em acordes I, IV e V em um determinado tom. Historicamente, músicos de jazz tomam essa progressão e adicionam interesse harmônico ao introduzirem mais mudanças de acordes. Eles também enriquecem os acordes, acrescentando alterações e substituições (*Solos na Guitarra Jazz Blues* de Joseph Alexander é uma excelente referência nesse assunto). Este livro, no entanto, foca na progressão de blues básica de 12 compassos e explora o que pode ser tocado sobre cada acorde estático para criar novas sonoridades.

Veja abaixo os acordes de um blues básico de 12 compassos. No tom G, os acordes I, IV e V são: G maior, C maior e D maior. Conhecidas como as tríades *primárias*, estes são os acordes construídos sobre a tônica (primeiro grau), subdominante (quarto grau) e dominante (quinto grau) da escala maior. O que dá a sonoridade distinta do blues, entretanto, é transformar cada uma dessas tríades em um acorde de sétima dominante. Tecnicamente, isso quebra as regras da harmonia clássica, mas ninguém se importa porque o blues é muito mais focado em criar um *feeling* e fomentar *emoções* poderosas.

Tipicamente, em um blues básico, cada acorde é de sétima dominante:

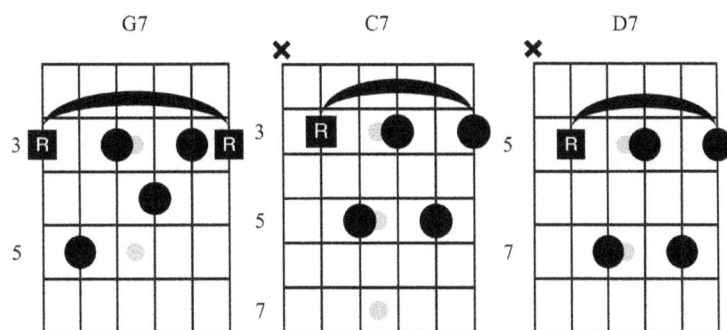

Os acordes IV e V são geralmente tocados desta forma:

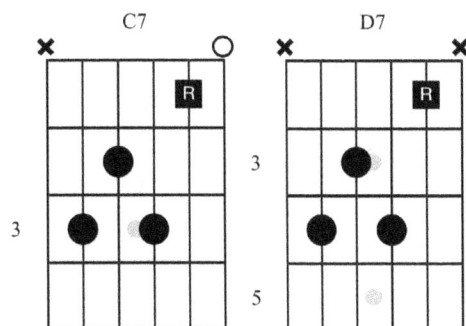

Veja abaixo um blues de 12 compassos em G usando *voicings* de acordes de sétima. Geralmente, o primeiro acorde em um blues dura quatro compassos, mas aqui eu adicionei a mudança rápida para C7 no compasso dois, geralmente tocada por músicos de jazz para dar movimento à performance.

Blues em G com acordes de sétima

Essencialmente, os *voicings* de acordes de sétima acima seriam usados no *folk blues*, composições pop de três acordes e músicas do rock and roll. Para criar mais cor, uma mistura de acordes de sétima e nona podem ser usados:

Você pode criar mais interesse ao adicionar notas estendidas ou alteradas aos *voicings* de acordes. Um guitarrista de jazz pode tipicamente tocar *voicings* tais como G13, C9 ou C13, assim como D7#9 ou D13

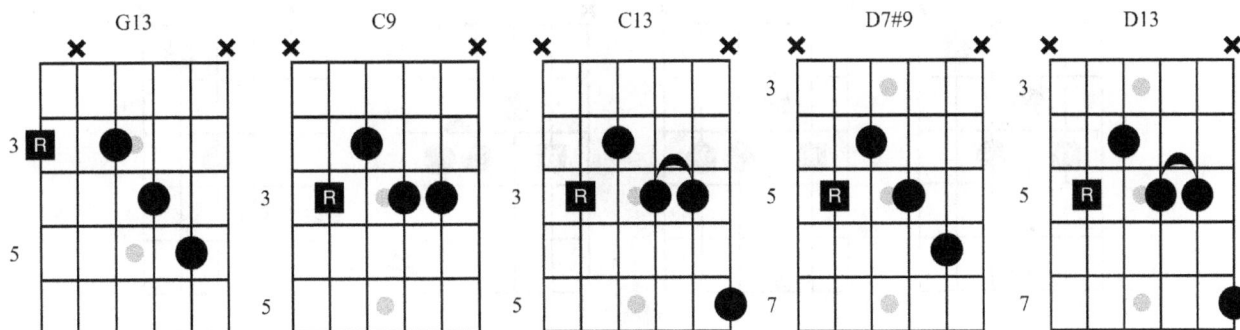

As *backing tracks* que acompanham este livro usam estes acordes *estendidos* para criar um clima autêntico de jazz, por isso você achará útil praticar os acordes em algumas posições diferentes. Abaixo, ilustrei onde você pode tocar estes *voicings* para dar boa cobertura no braço da guitarra.

Voicings de G dominante:

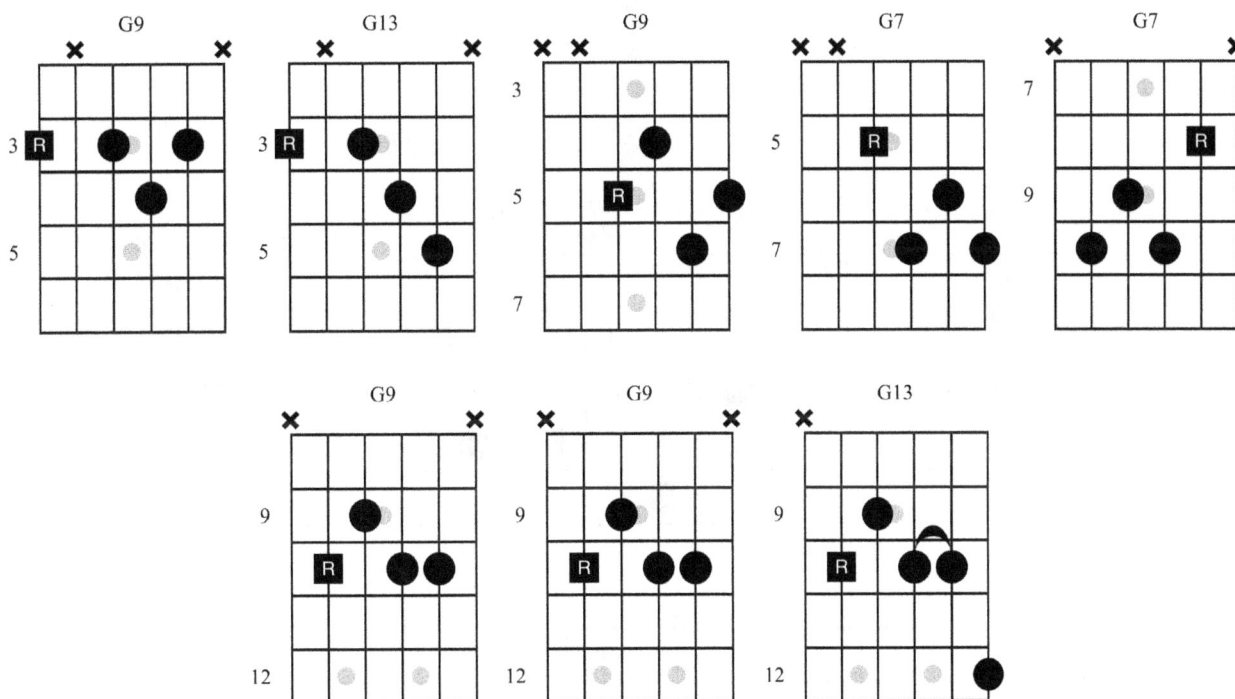

Voicings de C dominante:

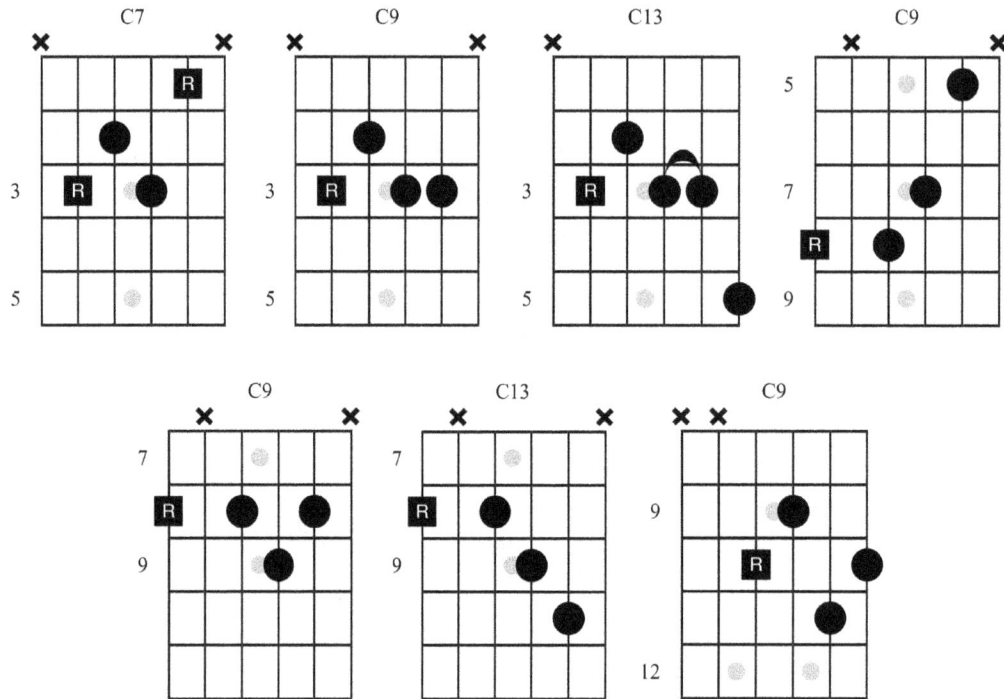

Voicings de D dominante:

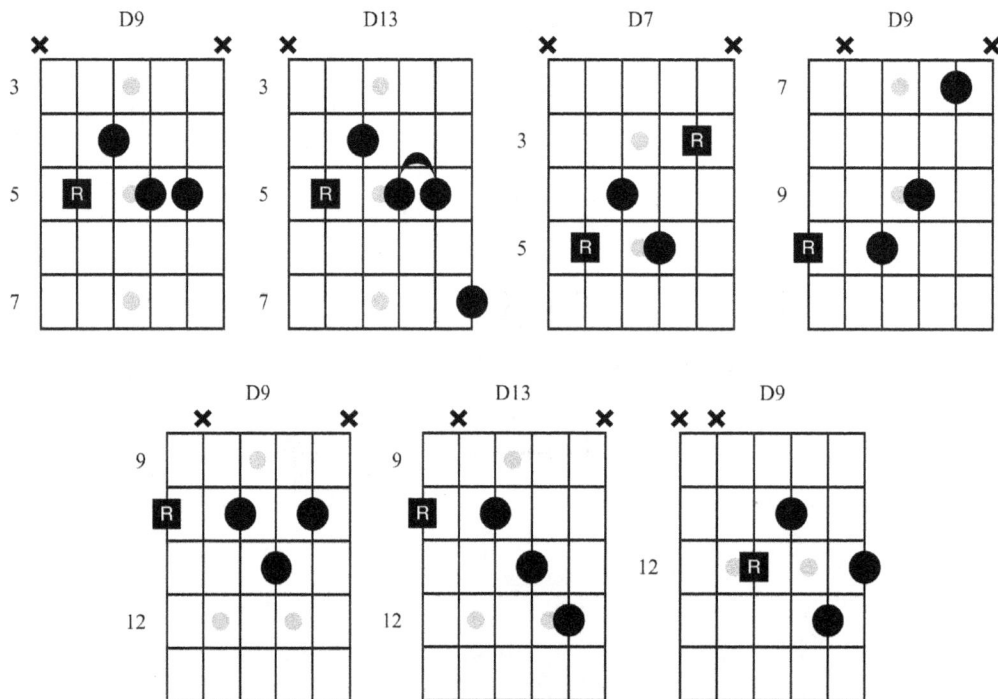

Veja abaixo outro blues de 12 compassos – que mistura e combina os acordes acima e dá um pouco mais de cor ao blues, preparando o que está por vir:

Blues em G

Improvisando sobre o blues

O fato de que o blues evoluiu, se tornando uma progressão que consiste principalmente de acordes dominantes, influenciou como os guitarristas improvisam nesse contexto. O blues é único no sentido que ele não soa especificamente maior ou menor, mas vagueia entre essas duas tonalidades – geralmente na mesma música. Para ouvir o que quero dizer, ouça *I'm Bad Like Jesse James* de John Lee Hooker. Nessa música, o pianista toca acordes com terças maiores, enquanto John Lee Hooker toca um riff que enfatiza a terça menor. Tecnicamente isso causa uma dissonância, mas fica bom nessa música.

Como resultado da tonalidade nebulosa do blues, diferentes músicos abordaram a sua performance de maneiras distintas.

Alguns músicos passam por cima das mudanças usando a escala menor pentatônica quase que exclusivamente, praticamente ignorando a terça maior nos acordes subjacentes. Essa sonoridade é caracterizada pelo Delta Blues, com instrumentistas como Muddy Waters, Robert Johnson e Son House. Alguns exemplos de músicos contemporâneos são Stevie Ray Vaughan, Robert Cray e Joe Bonamassa.

Outros usarão a escala menor pentatônica, mas *insinuando* a terça maior com frequência, criando linhas que oscilam entre maior e menor o tempo todo. Mais geralmente, você ouvirá essa sonoridade no *Chicago Blues*, com músicos como B.B. King, Buddy Guy, Howlin' Wolf e Mike Bloomfield.

Outros instrumentistas focam na escala maior pentatônica e *insinuam* a menor. Essa abordagem pode ser encontrada na performance de Albert King, Larry Carlton e John Mayer, por exemplo.

Há muitas referências ótimas no blues, por isso não irei me aprofundar aqui (veja *O Guia Completo para Tocar Blues na Guitarra Livro Dois: Frases Melódicas* de Joseph Alexander, ou qualquer outro livro de blues dessa série). Mas, já que o blues é o fundamento do jazz, eu encorajo você a ouvir os músicos a seguir para entender como eles tocam blues.

Não tenho dúvidas que você está lendo este livro para aprender como criar boas linhas de bebop, por isso recomendo que você ouça Wes Montgomery, Pat Martino, entre outros. No entanto, eu considero cada um dos músicos listados abaixo como importantes marcos na jornada do blues tradicional para o jazz. Eles têm um grande entendimento de ambos os gêneros e você poderá escutar essa "ponte" do blues para o jazz nas suas performances.

Robben Ford

Robben Ford é um músico de blues que exibe um apreço real pelo jazz nas suas performances – sem ser um guitarrista de jazz. De forma única, ele conseguiu aplicar certos conceitos do jazz ao blues, sem fazer com que a sonoridade do blues se torne "muito jazz" para fãs de blues mais conservadores. Ele introduz alguns *licks* melódicos menores aqui e ali, mas fez uso extenso das escalas diminuta e meio diminuta.

Larry Carlton

Larry Carlton tem os pés bem firmados no jazz, mas também é um bom expoente do blues. A sua forma de tocar blues tipicamente toma um caminho de "narrativa", incluindo muitas frases musicais que trazem uma dinâmica de "pergunta e resposta". Entretanto, você também pode ouvir a influência do bebop, às vezes, na forma como Larry toca. Ouça a versão dele do clássico de Miles Davis *So What*, no seu álbum *Last Nite*.

Kenny Burrell

Kenny Burrell é um músico importante para ter como referência na nossa jornada de transição do blues ao jazz. Burrell sempre é considerado um guitarrista de jazz – e ele é um ótimo guitarrista – mas há tanta influência de blues na sua forma de tocar que ele é a ponte perfeita para o próximo capítulo deste livro. Kenny Burrell é o "ying" e Robben Ford é o "yang"! Kenny Burrell é um músico de jazz que, de forma homogênea, continuamente incorpora ideias de blues na sua forma de tocar. Confira a faixa clássica de Kenny *Midnight Blue*, do álbum homônimo.

Resumindo

Concluímos nossa breve revisão sobre blues. No próximo capítulo veremos como criar a sonoridade dos grandes músicos de jazz como Wes Montgomery, Joe Pass e Pat Martino. Cada um deles foi fortemente influenciado pelo blues, mas estes músicos levaram o estilo através de caminhos inexplorados para criar a sonoridade do jazz bebop moderno.

Talvez você escolheu este livro porque ouviu músicos como Wes e companhia, e você quer saber como obter aquela sonoridade específica. Pode parecer que há um abismo entre as ideias pentatônicas do blues e as linhas complexas em estilo bebop, tocadas pelos grandes guitarristas de jazz. Mas é aqui que as coisas ficam interessantes.

Em vez de apresentar muita teoria e novas escalas para praticar, vou mostrar algumas ideias simples de substituições de acordes que irão ajudá-lo a captar a sonoridade do bebop em jazz blues.

O que significa "substituição" e o que podemos fazer com isso?

Quando improvisamos sobre um acorde, tendemos a tocar *licks* feitos de arpejos e escalas derivadas de um acorde da base. Quando usamos substituição, os arpejos e escalas são derivados de um acorde diferente para solar sobre o acorde original. Os capítulos seguintes são dedicados a várias ideias diferentes de substituições que você pode usar no blues, para criar linhas criativas de bebop. Cada substituição será descrita em detalhes ao longo do caminho.

Capítulo 2. Substituição de Acorde #1 – A Menor uma Quinta Acima

Começando a usar ideias de substituição

Até agora, olhamos para os acordes básicos do blues, alterando os *voicings* de acordes para atingir uma sonoridade mais jazz e mencionamos apenas alguns dos grandes músicos de jazz e blues que você pode tomar como referência. Agora começamos nossa exploração da sonoridade do bebop, com o blues servindo de fundamento.

Essa lição explora a primeira de várias ideias de substituições que usam *coisas que você já sabe* para ajudá-lo a se libertar da sonoridade pentatônica e criar linhas modernas, inspiradas em jazz.

Se você ouvir como Wes aborda a performance sobre uma progressão de blues, você notará que, enquanto ele toma o blues como referência, em boa parte do tempo parece que ele toca em uma tonalidade diferente.

(Para que você entenda o que quero dizer, ouça as seguintes músicas de Wes: *Blues in F*, *No Blues* e *West Coast Blues*).

Muitas pessoas analisaram os solos de Wes e ofereceram teorias sobre a sua abordagem. Alguns sugerem que ele estava usando modos. Outros, que ele estava focado em tocar notas estendidas – tais como a nona, a décima primeira e a décima terceira – ou ele estava tocando notas alteradas como b5, #5, b9 e #9.

Uma teoria que faz mais sentido para mim, que também é defendida por grandes professores de guitarra jazz tais como Adrian Ingram (um expert no estilo de Wes Montgomery), é que ele tinha algo muito mais simples em mente – sobrepor um acorde alternativo sobre o original.

Nossa primeira substituição toma o acorde I do blues e o substitui por *um acorde menor cuja tônica é uma quinta justa acima dele*.

Por exemplo, se o nosso acorde for G7, o acorde menor uma quinta acima é Dm7.

Isso significa que, se estou improvisando sobre o acorde I de um blues no tom G, devo pensar *D menor* e não G maior. Extrairei todas as minhas ideias melódicas de uma tonalidade de D menor, em vez de tocar as linhas pentatônicas usuais em G maior ou menor.

Qualquer coisa que venha da tonalidade de D menor é ingrediente para as nossas linhas.

Por exemplo, sobre G7 você poderia tocar arpejos de Dm7, Dm9 ou Dm6. Ou você poderia tocar linhas da escala menor de jazz em D. Exploraremos cada uma dessas ideias a seguir.

Usar essas substituições simples imediatamente evoca a sonoridade de Wes Montgomery, Pat Martino e Joe Pass, mas tudo que você está fazendo é tocar um simples arpejo ou escala menor. Quanto mais você trabalhar com esse conceito, mais você será capaz de criar essas sonoridades icônicas.

A melhor forma de entender essa sonoridade é ouvi-la em ação. Todos os exemplos abaixo são tocados sobre um acorde tipo G7. Para obter uma sonoridade mais jazz, usei um G13.

G13

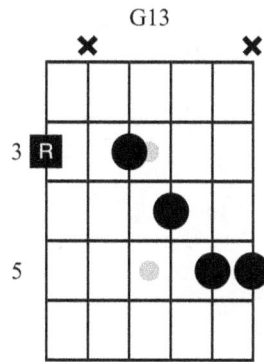

Licks arpejados de Dm7

Os *licks* de exemplo a seguir são baseados no arpejo de Dm7 ilustrado abaixo:

Arpejo de Dm7 na
quinta posição

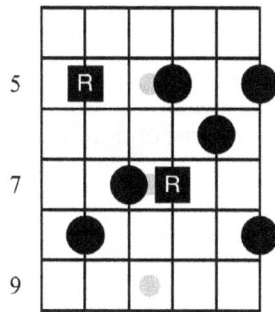

Veja a seguir quatro *licks* arpejados de Dm7 para começar. Os dois primeiros *licks* terminam na nota A. Essa é a nota mais alta de um acorde G13 tocado na terceira posição, causando uma boa conexão.

Exemplo 2a:

Exemplo 2b:

No compasso 2, o Exemplo 2c tem uma parte descendente que arpeja um acorde Dm7.

Exemplo 2c:

Exemplo 2d:

Para criar ideias mais melódicas com o arpejo de D menor, você pode sempre usar variações rítmicas para criar interesse musical. O Exemplo 2d começa com padrões de tercinas que são fragmentos de um acorde de D menor.

Para criar um pouco mais de interesse, os exemplos a seguir usam arpejos de Dm9. O arpejo m9 tem uma sonoridade mais interessante.

Arpejo de Dm9 na
quinta posição

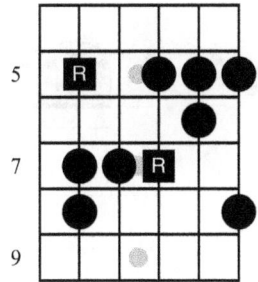

Usar o arpejo m9 fornece uma nota extra (E) para tocar e dá mais escopo para criar linhas interessantes. O trilo rápido, no compasso dois do exemplo abaixo, é definitivamente uma característica de Joe Pass.

Exemplo 2e:

Exemplo 2f:

Esse *lick* mira nas notas do arpejo de Dm9 a partir de um semitom abaixo. Isso cria a sonoridade *cool jazz* associada ao estilo de tocar de Pat Martino.

Exemplo 2g:

A seguir, veja um *lick* ascendente que termina focando na nota F do acorde C9.

Exemplo 2h:

Licks arpejados em Dm6

O arpejo de Dm6 tem um som levemente estranho e cria uma tensão interessante sobre o acorde G13.

Arpejo de Dm6 na
quinta posição

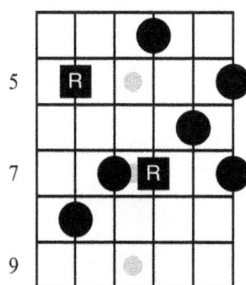

Pessoalmente, eu gosto do som da sexta. Este *lick* vai direto ao ponto e apresenta a sexta (a nota B) no primeiro compasso, quando seus ouvidos estão esperando uma nota C na oitava casa. Em seguida, isso é repetido em uma oitava abaixo no compasso dois.

Exemplo 2i:

Este *lick* termina enfatizando a sexta.

Exemplo 2j:

O Exemplo 2k termina com uma forte conexão que remete ao blues, focando na terça do acorde G subjacente.

Exemplo 2k:

G13

O Exemplo 2l usa variação rítmica para criar movimento e interesse. Para tocar a frase de abertura de maneira eficiente, posicione seu dedo indicador na nota A (na quinta casa da primeira corda) e deixe que seus próximos dois dedos se posicionem logo atrás com naturalidade, como se fosse tocar um fragmento de um acorde Dm7. Percorra o trajeto da terceira para a primeira corda e então rapidamente "martele" seu terceiro dedo na sétima casa da primeira corda. Isso requer que você salte com seu terceiro dedo através de duas cordas.

Pratique lentamente para deixar o movimento bom e fluido antes de acelerar.

Exemplo 2l:

G13

Encorajo que você pratique todas essas ideias de arpejos sobre a *backing track* fornecida, porque é importante cristalizar esta sonoridade na sua cabeça. Então, conforme experimenta, você começará a criar suas próprias linhas.

Licks menores de Jazz em D

Por fim, vamos olhar para algumas linhas que podem ser criadas com a escala menor de jazz. (Esta é uma escala menor com a fórmula 1 2 b3 4 5 6 7). Essa escala funciona particularmente bem quando sobreposta ao nosso acorde I de blues. A escala menor de jazz em D está ilustrada abaixo:

Escala menor de jazz
em D na quinta posição

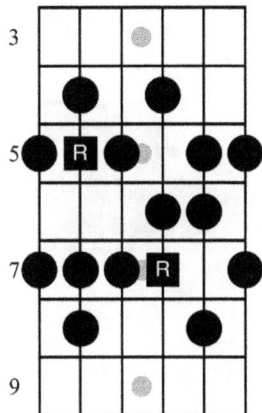

Aqui estão algumas linhas usando a escala menor de jazz em D sobre G13.

Ouça o solo de Brian Setzer na música *Stray Cat Strut* e você ouvirá uma ideia similar.

Exemplo 2m:

O Exemplo 2n começa com um famoso *lick* menor de jazz. Observe a forma como as notas se posicionam na guitarra em um desenho de D menor.

Exemplo 2n:

Este *lick* toma como referência uma nota E em vários pontos. A nota no topo de um acorde Dm9 tocado na quinta posição é E. Vale ressaltar que tenho a sonoridade do Dm9 em mente.

Exemplo 2o:

Veja a seguir uma ideia que ascende horizontalmente pelo braço da guitarra e inclui mais alguns trilos característicos de Joe Pass.

Exemplo 2p:

Pequeno adendo: Pat Martino é um instrumentista conhecido por *minorar* acordes. Em outras palavras, ele pensa em cada acorde tocado em termos da escala menor. Isso significa que, quando ele encontra um acorde maior, ele procura uma substituição para usar de tal forma que ele toque em uma tonalidade menor sobre o acorde maior.

Em uma progressão maior II – V – I, tal como Dm7, G7, Cmaj7 ele pode tocar:

- Dm7 = Linhas em D menor

- G7 = Linhas em D menor

- Cmaj7 = Linhas em A menor

Ele então introduz outras substituições menores para revelar ainda mais possibilidades melódicas.

No próximo capítulo veremos como aplicar esse conceito em todos os acordes de uma progressão *standard* de blues.

Capítulo 3. Aplicando a Primeira Substituição em cada Acorde do Blues

Neste capítulo, aplicaremos a primeira substituição para os acordes restantes no blues de 12 compassos. No fim das contas, aplicar esses conceitos se tornará natural na sua forma de tocar, e você nem perceberá que está tocando uma substituição – sua atenção estará nas linhas que você quer tocar – mas por hora, este capítulo servirá como uma boa referência.

1. Acorde IV do blues

No tom de G, o acorde IV é C. Novamente, você pode identificar a substituição menor localizando a nota a um intervalo de quinta justa acima. Ou você pode localizá-la andando cinco passos para cima na escala de C maior:

Localizando a menor uma quinta acima

O acorde IV é geralmente tocado como um C9 no jazz blues. Abaixo estão alguns *voicings* de C9 em algumas posições no braço da guitarra.

C9 na terceira posição

C9 na quinta posição sem tônica

C9 na oitava posição

C9 na oitava posição

C9 na décima posição

Opções para tocar sobre o acorde C9 são:

- Arpejos de Gm7, Gm9 ou Gm6

- A escala menor de jazz em G

Agora que você ficou familiar com o conceito básico, vamos direto para o arpejo de Gm9 já que ele nos apresenta com algumas das escolhas de notas mais interessantes. Também ilustrarei este arpejo em três posições no braço da guitarra. Recomendo que você toque cada uma dessas posições algumas vezes para aprender bem os padrões, antes de seguirmos em frente com os *licks* de exemplo.

Arpejo estendido de Gm9 em três posições:

Arpejo de Gm9 na terceira posição · Arpejo de Gm9 na quinta posição · Arpejo de Gm9 na décima posição

Arpejo de Gm9 na terceira posição

Arpejo de Gm9 na quinta posição

Arpejo de Gm9 na décima posição

Veja a seguir alguns exemplos musicais usando ideias de arpejo de Gm9 sobre um acorde C9. O Exemplo 3a expõe claramente um desenho comum de acorde que podemos usar quando tocamos sobre um *vamp* de G maior. Pelo fato de estarmos tocando as notas sobre um *vamp* de C9, elas repentinamente assumem uma sonoridade *cool jazz*.

Exemplo 3a:

O Exemplo 3b é um *lick* pentatônico típico de blues que soaria rotineiro sobre um acorde de G menor, mas fica com uma qualidade mais interessante quando tocado sobre C9.

Exemplo 3b:

No Exemplo 3c, a ênfase na nota A nos compassos 3 e 4 sugere que o acorde subjacente poderia ser um C13, em vez de um C9 puro.

Exemplo 3c:

A seguir, coloco um dos meus *licks* favoritos, que toco com bastante frequência. Essa linha realmente dá ênfase para a nota A. O acorde é C9, mas eu estou pensando em Gm9 sobreposto a ele.

Exemplo 3d:

Escala menor de jazz em G em três posições:

Agora vamos nos voltar novamente para a escala menor de jazz. Abaixo, incluí diagramas para a escala menor de jazz em G (em três posições), permitindo que você cubra a maior parte do braço da guitarra.

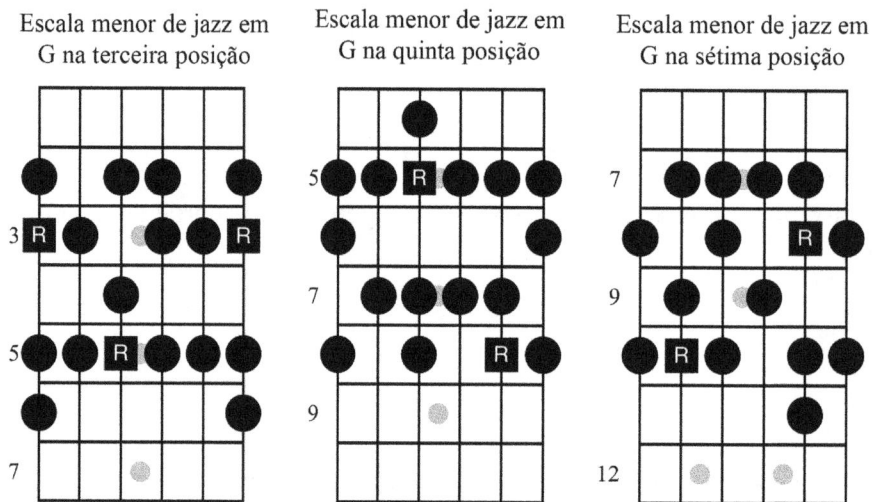

Escala menor de jazz em G na terceira posição

Escala menor de jazz em G na quinta posição

Escala menor de jazz em G na sétima posição

Escala menor de jazz em G na terceira posição

Escala menor de jazz em G na quinta posição

Escala menor de jazz em G na sétima posição

Novamente, pratique essas escalas para se acostumar com esses desenhos.

Aqui estão alguns exemplos musicais usando a escala menor de jazz em G sobre o acorde C9. Com as notas adicionais que a escala menor de jazz nos fornece, podemos começar a criar linhas mais interessantes.

Este é aquele *lick* menor de jazz que soa estranho por um tempo, pois cria uma dissonância que é rapidamente resolvida.

Exemplo 3e:

Jim Hall é um dos meus músicos favoritos e há duas coisas que, do meu ponto de vista, se destacam na sua forma de tocar.

Primeiro, o estilo de Jim Hall pode ser bastante esparso. Você sempre pode usar espaço a seu favor. Neste livro estamos explorando *licks*, por isso há muitas notas – mas o silêncio é uma grande ferramenta!

Em segundo lugar, Jim era um mestre dos motivos musicais. Ele tocava uma frase simples, repetia essa execução e então adaptava isso para acomodar os acordes que mudavam na base da música. Por causa dessa abordagem, os solos dele nunca soam como *licks* separados – eles sempre contam uma história. Veja a seguir uma pequena homenagem ao estilo de Jim.

Exemplo 3f:

Novamente, aqui está aquele som característico menor de jazz. Toque o movimento da sexta à segunda casa e da segunda para a quinta, deslizando o primeiro dedo.

Exemplo 3g:

Veja agora outra ideia inspirada em Jim Hall, onde a narrativa vem da repetição rítmica das frases.

Exemplo 3h:

2. Acorde V do blues

No tom de G, o acorde V é D. Nós localizamos a substituição menor indo para o intervalo a uma quinta justa acima de D, ou localizamos essa substituição avançando cinco passos na escala de D maior:

Localizando a menor uma quinta acima

Dessa vez, nossa substituição menor é Am.

Para o acorde V de D9, nós poderíamos tocar qualquer desenho de acorde ilustrado anteriormente, movimentado duas casas para cima. Mas é comum adicionar algumas notas alteradas ou estendidas ao acorde V por interesse. Opções que soam bem são D7#9, D7#9#5, D7b9 e D13, ilustrados abaixo.

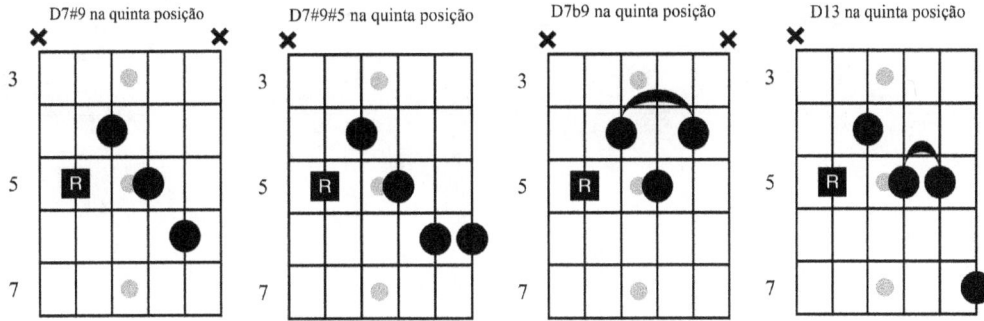

Opções para tocar sobre o acorde D9 são arpejos de Am7, Am9 ou Am6, além da escala menor de jazz em A. O arpejo de Am9 está ilustrado abaixo:

Arpejo estendido de Am9 em três posições:

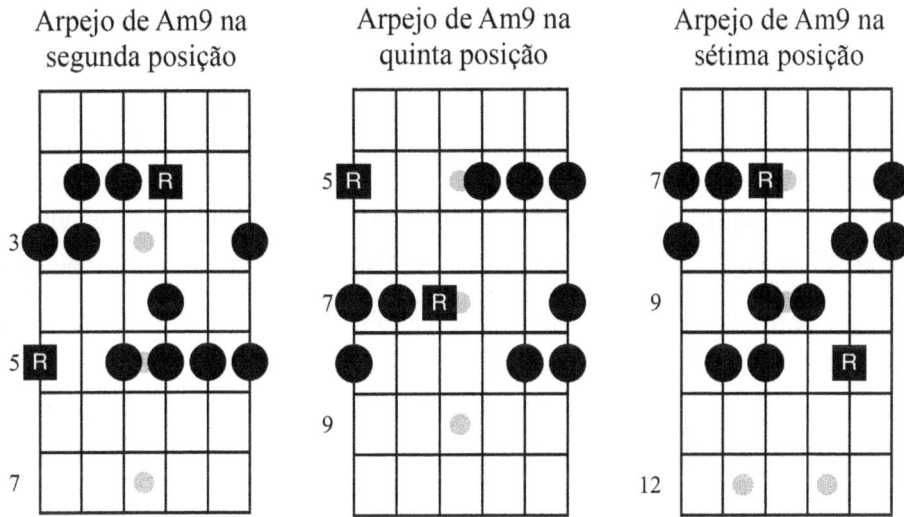

Arpejo de Am9 na segunda posição:

Arpejo de Am9 na quinta posição:

```
T  |----------------------------|----------------------------|
A  |-------------------5--5--8---|--5-------7-------8---------|
B  |-------------7--7--------------|----------------------------|
   |--5--7--8-------------------|----------------------------|
```

Arpejo de Am9 na sétima posição:

```
T  |----------------------------|-------------------7-----8--|
A  |-------------7--9--10--9-----|--8------10-----------------|
B  |--7--8--7--10-----------------|----------------------------|
```

Todos os *licks* de exemplo que foram ilustrados sobre o acorde C9 funcionarão sobre o acorde D9, bastando movimentá-los duas casas para cima. A seguir, veremos mais alguns exemplos que apresentam algumas escolhas diferentes de notas, simplesmente por serem tocados em posições diferentes no braço da guitarra.

Isso ilustra porque é bom praticar *licks* e explorar ideias em outros tons. Quando tocamos em diferentes partes do braço da guitarra, certas notas podem ser alcançadas mais facilmente e isso faz com que novas ideias surjam.

Aqui estão dois exemplos musicais usando um arpejo de Am9 sobre o acorde D9. O Exemplo 3i é outra linha reminiscente de algo que Jim Hall tocaria. Consiste em uma frase pequena, usada para criar "tensão e alívio".

Exemplo 3i:

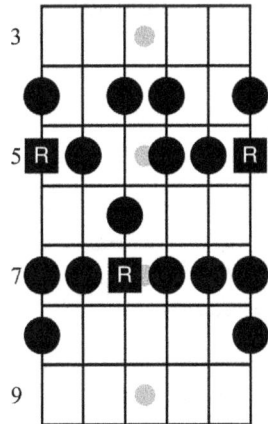

O Exemplo 3j faz muitas referências à nota A na quinta casa da primeira corda, que se conecta com a nota mais alta do acorde D9 subjacente.

Exemplo 3j

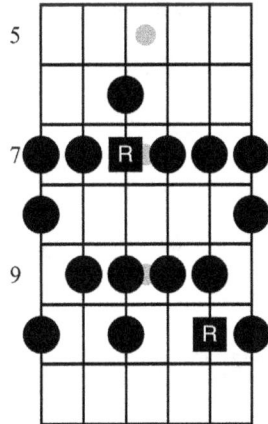

Vamos terminar usando a escala menor de jazz novamente. Abaixo, a escala menor de jazz em A é ilustrada em três posições.

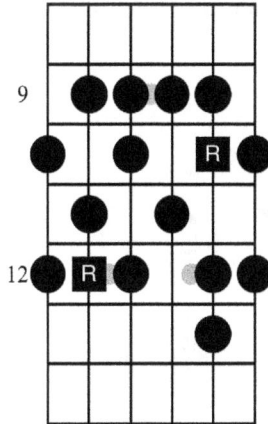

Escala menor de jazz em A na quinta posição

Escala menor de jazz em A na sétima posição

Escala menor de jazz em A na nona posição

Escala menor de jazz em A na quinta posição

Escala menor de jazz em A na sétima posição

Escala menor de jazz em A na nona posição

Por fim, aqui estão alguns exemplos musicais sobre o acorde D9, usando a escala menor de jazz em A. O Exemplo 3k termina com a nota B, sugerindo que o acorde subjacente que ouvimos é um D13.

Exemplo 3k:

Eu aprecio que o acorde D9 não dura cinco compassos em um blues em G. Mas vejamos uma ideia mais longa, com passagens mais rápidas, para estimulá-lo a pensar no que pode ser tocado sobre este acorde. Providenciei várias *backing tracks* com este livro e há tanto *vamps* longos quanto curtos de cada acorde para você praticar.

A partir do momento que você aprender as linhas, sugiro colocar os *vamps* longos em loop e tocar livremente sobre eles para testá-los, além de criar seus próprios *licks*.

Exemplo 31:

D9

```
1                                          2                            3
T|---------------5---/5---|(5)-------------------|---------------4--5--4--------4--5--7--|
A|------4--5--7----------|----7--5--4--------7--7|------------------6--7---------------|
B|--6--7-----------------|-----------7--7------|---------------------------------------|
```

```
4                                          5
T|--------------------/7----/7----|----/7-----/7-----(7)\---(5)--|
A|-5--6--5------5--6--8-------------8--5|-----------------------------|
B|-------6--7---------------------|-----------------------------|
```

No próximo capítulo, vamos usar tudo que aprendemos até agora para explorar como essa primeira ideia de substituição soa em uma progressão inteira de blues.

Capítulo 4. Juntando o Conhecimento

Aplicando a primeira substituição sobre a progressão inteira de blues.

Neste capítulo, consolidaremos ainda mais tudo que foi estudado até aqui.

Até agora, todos os exemplos musicais foram dados no tom de G. Continuarei a usar esse tom para ilustrar conceitos, mas também fornecerei alguns exemplos nos tons de Bb, F e Eb. Esses tons são populares no jazz, pois muito do repertório *standard* foi escrito por músicos de sopro, que acham mais fácil tocar nessas tonalidades. É útil saber alguns *licks* nesses tons, caso você performe com um saxofonista ou trompetista.

Além disso, recomendarei algumas músicas em cada um dos tons para você ouvir. Use-as para tocar junto e improvisar, colocando em prática o que você aprendeu até agora, além de praticar com as *backing tracks* fornecidas com este livro.

Antes de seguirmos em frente, recomendo que você ouça *Cariba* de Wes Montgomery, do seu álbum clássico de 1962 *Full House*. O tema dessa música é tocado usando fragmentos de acordes. Wes gostava de usar as seguintes inversões de acordes menores:

Primeira inversão de Fm   Segunda inversão de Fm   Terceira inversão de Fm

Ouça o baixista durante o tema (e solos subsequentes) de *Cariba* para perceber que essa música é, na realidade, um blues simples de três acordes em Bb. Wes, no entanto, está focado na menor uma quinta justa acima (a mudança de Bb7 para Fm7). Quando a música vai para o acorde IV de Eb7, Wes repete a sua frase e faz uma mudança para cima, tocando desenhos do acorde Bb menor (Eb7 = Bbm7).

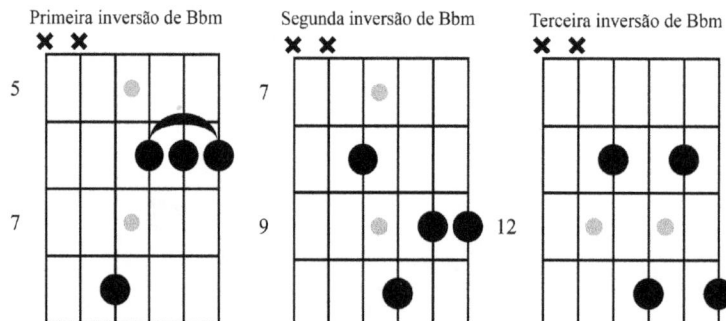

Primeira inversão de Bbm   Segunda inversão de Bbm   Terceira inversão de Bbm

Cariba é um microcosmo do conceito que discutimos. Ouça o restante da música e você irá notar os companheiros de banda de Wes tocando formidavelmente em torno do formato *standard* de blues. Wes é o último a solar e, quando ele entra em cena, suas linhas são distintamente menores, influenciadas por suas substituições, mas adicionando *licks* de blues ocasionais.

Vamos explorar algumas ideias melódicas para que você possa praticar por conta própria. Já que acabamos de mencionar um blues em Bb, vamos começar nesse ponto. Abaixo está o formato que vamos adotar.

Blues em Bb:

Ouça a *backing track* "Bb Blues (Ch4)". Toque junto com essa faixa, improvisando e praticando os *licks*.

Vamos segmentar essa abordagem e trabalhar em trechos de quatro compassos.

Os quatro primeiros compassos

Para os primeiros quatro compassos do blues, o centro tonal principal é Bb13. Por isso, vamos tocar ideias oriundas de uma tonalidade de F menor.

Este primeiro *lick* sugere um Fm9 sobreposto ao Bb13, mirando algumas notas essenciais a partir de um semitom abaixo.

Exemplo 4a:

Aqui está um exemplo de como você pode fundir um *lick* típico de blues e um *lick* criado por uma substituição. A primeira metade do Exemplo 4b é material *standard* de blues. Na segunda metade, estou pensando em desenhos de Fm7 e Fm6 na posição 8.

A importantíssima nota D na décima casa da primeira corda é "mirada" – em outras palavras, aproximada de forma cromática por notas adjacentes.

Exemplo 4b:

Veja agora uma ideia ascendente.

Exemplo 4c:

No Exemplo 4d, a linha é tecida entre uma ideia simples de blues nos dois primeiros compassos e uma linha menor de jazz nos dois compassos seguintes.

Exemplo 4d:

Os quatro compassos seguintes

A seção dos quatro compassos seguintes começa com a mudança para o acorde IV (Eb9) durante dois compassos, antes de retornar ao acorde I (Bb13) durante os outros dois compassos. Por causa disso, nossas linhas podem incorporar as duas tonalidades se desejarmos.

Podemos navegar essa mudança de acordes de diferentes formas. A primeira ideia abaixo foca em uma linha em Bbm antes de resolver em Bb7. Isto é prazeroso para o ouvido, porque cria uma tensão simples que é rapidamente resolvida. O *lick* termina na terça maior de Bb, claramente sinalizando o acorde original.

Exemplo 4e:

Por outro lado, você pode optar por manter a tensão, mudando das linhas em Bbm para linhas em Fm, de tal forma que não há resolução imediata.

Exemplo 4f:

No exemplo 4g, sugeri brevemente a escala de F menor melódica no compasso três, mas há uma resolução clara no compasso quatro que volta para uma sonoridade blues.

Exemplo 4g:

O Exemplo 4h ignora o acorde Eb9 e trata toda essa seção de quatro compassos em termos do Bb13. Os compassos um e dois contêm uma ideia de desenho de acorde de Fm7, enquanto os compassos três e quatro possuem uma frase na escala menor de jazz em F.

Exemplo 4h:

Os quatro compassos finais

A última seção de quatro compassos contém três mudanças – o movimento do acorde V (F9) para o acorde IV (Eb9), seguido da resolução que volta para o acorde I (Bb13). Isso pode ser abordado de várias formas.

O exemplo abaixo foca no acorde V (F9), tocando uma linha em Cm. Estamos ignorando a mudança para o acorde IV, fazendo o caminho de volta para o acorde I (Bb13).

Exemplo 4i:

O Exemplo 4j expõe de forma clara ambos os acordes V e IV antes da resolução.

Exemplo 4j:

É possível fazer as coisas pela perspectiva oposta. Podemos tocar um *lick* pentatônico de blues, maior ou menor, em Bb sobre a mudança do V para o IV, mas mover para uma linha de substituição, conforme pousamos no Bb13, como preparação para o próximo refrão.

Exemplo 4k:

Veja a seguir outra linha que usa a mesma ideia.

Exemplo 4l:

Músicas de referência

Estas músicas de jazz blues são todas no tom Bb. Ouça:

Tenor Madness (Sonny Rollins)

Blue Monk (Thelonious Monk)

Freddie Freeloader (Miles Davis)

Exemplos de blues em F

Sentir-se confortável tocando em todos os tons fará de você um músico mais versátil e bastante empregável. Entretanto, se você tomar cada conceito e explorar minuciosamente em outros tons – e eu recomendo que você o faça – você será capaz de criar *licks* criativos que não teria tocado de outra forma. Tente os exemplos a seguir.

Aqui está uma ideia baseada em um motivo.

Exemplo 4m:

Aqui está outra ideia de motivo musical, baseada em um padrão ascendente de notas oscilantes.

Exemplo 4n:

Músicas de referência

Ouça:

Billie's Bounce (Charlie Parker)

Things Ain't What They Used to Be (Duke Ellington)

Exemplos de blues em Eb

Os exemplos a seguir são em Eb.

Exemplo 4o:

O Exemplo 4p começa com uma nota "surpresa" de tensão (Db) que é resolvida cromaticamente em um C. Esta poderia ser vista como a nota mais alta de um acorde Eb13.

Exemplo 4p:

Músicas de referência

Ouça:

Sandu (Clifford Brown)

Exemplos de blues em C

O Exemplo 4q é tocado nos quatro últimos compassos de um blues em C. No compasso um, tocamos um simples *lick* menor de jazz em D sobre o acorde G9, repetimos um tom abaixo (escala menor de jazz em C sobre F9) e então tocamos uma ideia pentatônica simples em C maior no compasso três.

Exemplo 4q:

No Exemplo 4r, o compasso três contém uma ideia simples, mas muito bonita, que Joe Pass tocava com frequência: delinear um acorde maior em tríades ascendentes.

Exemplo 4r:

Músicas de referência

Ouça:

Relaxin' at Camarillo (Charlie Parker)

C Jam Blues (Duke Ellington)

Até agora, exploramos a quinta menor acima dos acordes comuns de blues, usamos padrões de arpejo e a escala menor melódica. No próximo capítulo, veremos duas ideias de substituição de arpejos e escalas maiores.

Capítulo 5. Substituição de Acorde #2 –
Ideias de Substituição de Escala Maior

Neste capítulo, vamos tratar do nosso segundo conceito de substituição. Mais uma vez, eu gostaria de ajudá-lo a redefinir o propósito de algo com o qual você já é familiar – dessa vez são os arpejos maiores e a escala maior – para criar algumas linhas interessantes sobre a sequência familiar de blues.

Explicarei dois conceitos de substituições maiores neste capítulo. Aqui está o primeiro:

A abordagem do tom abaixo

O primeiro passo é usar tríades maiores ou arpejos de sétima maior *um tom abaixo* de cada acorde na progressão de blues. Por exemplo:

1. Sobre o acorde I do blues – G13 = arpejos de F maior

2. Sobre o acorde IV do blues – C9 = arpejos de Bb maior

3. Sobre o acorde V do blues – D9 = arpejos de C maior

A mudança de um tom é um movimento pequeno e fácil de memorizar no braço da guitarra, mas representa uma grande mudança de tonalidade.

Veja como um arpejo de Fmaj7 soa sobre nosso acorde G13:

Exemplo 5a:

Acredito que você irá concordar que isso produz uma sonoridade interessante que é claramente jazz. Para entender um pouco mais sobre o porquê dessa substituição funcionar, podemos fazer uma ligação com a nossa primeira substituição, pois sabemos que ela soa bem.

Tocamos linhas da tonalidade D menor sobre G13. F maior é o acorde III no tom de D menor. Por outro lado, D menor é o acorde VI no tom de F maior. Em outras palavras, eles estão intimamente ligados.

Os acordes Dm7 e Fmaj7 possuem três de quatro notas em comum:

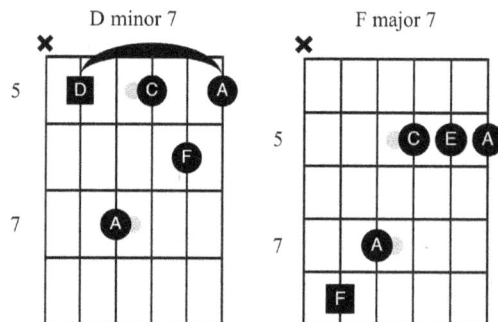

D minor 7 F major 7

As notas do acorde Dm7 são D – F – A – C.

As notas do acorde Fmaj7 são F – A – C – E.

Nos populares *voicings* de acordes acima, ambos repetem a nota A.

Portanto, sobre o acorde I do blues (G13) podemos tocar arpejos de F maior. Para os meus ouvidos, linhas baseadas nos arpejos com sétima maior ou nona maior são as mais evocativas das lendas da guitarra jazz.

No capítulo anterior, mencionei *Cariba* de Wes Montgomery – um blues em Bb. Durante a música, Wes também emprega a substituição um tom abaixo, tocando arpejos de Abmaj7 sobre o acorde I de Bb7. Ouça o Exemplo 5b, que é um arpejo de Abmaj7 tocado em legato. Esse tipo de ideia surge com frequência na forma de Wes tocar.

Soa mais difícil do que realmente é. Toque a nota Ab na sexta casa da quarta corda com seu terceiro dedo, enquanto seus dedos médio e indicador pairam sobre as casas cinco e quatro respectivamente – como se você estivesse digitando parte de um acorde Abmaj7 tocado de uma vez só. Em seguida, execute o *rake* com sua palheta e deslize seu primeiro dedo da quarta para a terceira casa na segunda corda. Toque a nota Bb aguda na sexta casa da primeira corda cada vez com o dedo mindinho.

Exemplo 5b:

Agora, retornando para o tom de G, vejamos o arpejo de F maior que usaremos para criar linhas melódicas sobre nosso acorde I de blues. Estou usando um arpejo de Fmaj9 como exemplo, pois ele contém o arpejo de Fmaj7. As notas do acorde Fmaj9 são F – A – C – E – G.

Arpejo estendido
de Fm9

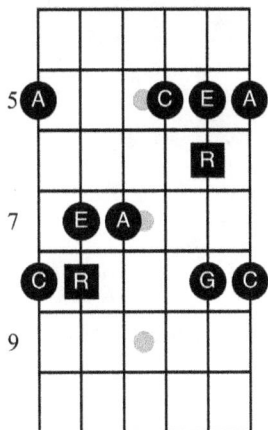

Arpejo de Fmaj9

A seguir, vejamos algumas linhas de exemplo para ajudar a construir o seu vocabulário de jazz. A primeira linha não tenta nenhuma resolução, mas evidencia a sonoridade de Fmaj9 sobre G13.

Exemplo 5c:

A partir da tonalidade de F maior, podemos criar algumas linhas com uma sonoridade mais "espaçosa", capazes de transmitir um *feeling* de jazz mais moderno.

Exemplo 5d:

Aqui está outra ideia baseada em motivos musicais que toma um *lick* simples e trabalha com variações.

Exemplo 5e:

O exemplo 5f é uma ideia de "pergunta e resposta".

Exemplo 5f:

A maior uma quarta acima

Conforme mencionado, existem explicações na teoria musical para todas as técnicas deste livro. Entretanto, o meu objetivo aqui é expor o conteúdo de uma forma relativamente simples. Há mais de uma forma de explicar o conceito a seguir, mas lhe darei uma explicação acessível.

Podemos relacionar esta substituição com a *primeira substituição*, discutida no Capítulo 2. Vimos que podemos substituir uma escala menor que fica a uma quinta justa acima do nosso acorde de blues. Ou seja, se G13 é nosso acorde I, então D menor é nossa escala substituta. Mas D menor também é o acorde II no tom de C maior:

Dm7, o acorde II de C maior

Se você estivesse improvisando sobre uma música no tom de D menor, você provavelmente tocaria linhas fortemente relacionadas com a escala de C maior (à parte do *lick* pentatônico esquisito de blues em D menor, que você pode adicionar à execução). Em certo sentido, estamos pescando no mesmo lago harmônico. Acontece que estamos *pensando* em C maior agora, obtendo ideias dessa tonalidade.

Faz sentido, quando você tocar sobre o acorde I do blues, que você permita as linhas menores e maiores a se fundirem em uma só. Em outras palavras, mova-se livremente entre as linhas obtidas das escalas e arpejos de D menor e das escalas e arpejos de C maior.

Vejamos como essa substituição soa sobre o nosso acorde I de blues (G13). Para demonstrar algumas linhas melódicas, vou usar um padrão de escala de C maior estendida.

Escala de C maior estendida

N.B. quando nos movemos para a próxima oitava acima da escala, é bom encontrar uma transição confortável (o ponto no qual você precisa mover posições no braço da guitarra). Eu gosto do exemplo acima, mas você pode se sentir mais confortável tocando uma transição diferente. Aqui está o mesmo padrão em partitura e tablatura:

Agora, vamos olhar alguns exemplos musicais que usam essa escala maior estendida sobre o acorde I do nosso blues, G13:

Exemplo 5g:

Veja agora uma ideia inspirada no trabalho de oitava de Wes Montgomery.

Exemplo 5h:

O exemplo 5i cai pela escala de C maior estendida, terminando em uma nota E que pode ser vista como a nota no topo de um acorde G13.

Exemplo 5i:

G13

Finalmente, aqui está uma ideia com semicolcheias, usando notas cromáticas para mirar nas notas da escala de C maior. Ela termina com a nota D, sugerindo um acorde G9 subjacente.

Exemplo 5j:

G13

No próximo capítulo, iremos explorar a aplicação dessas ideias sobre qualquer acorde da progressão de blues.

Capítulo 6. Aplicando a Substituição #2 em cada Acorde do Blues

Estudamos duas ideias diferentes de substituições maiores e aplicamos essas ideias no acorde I do blues. Agora, vamos aplicá-las ao resto da progressão de blues.

Acorde IV do blues

No nosso blues de exemplo em G, o acorde IV é C (comumente tocado como C9). Notamos, no capítulo anterior, que nossas opções de substituições maiores são:

1. Arpejos maiores um tom abaixo. C9 = arpejos de Bbmaj9/maj7.

2. A escala maior localizada uma quarta acima. C9 = F maior.

Vamos tomar cada um desses de uma vez.

1. A abordagem do tom abaixo

Primeiramente, familiarize-se com estes arpejos de Bbmaj9 em três posições no braço da guitarra. Aconselho que, ao explorar arpejos, toque todas as notas de forma ascendente e descendente algumas vezes para cristalizar a sonoridade na sua cabeça. Entretanto, não faça *apenas* essa execução – tenha em mente que isso soa como um exercício. Procure as linhas e desenhos internos que se apresentam para você. Toque as notas e veja quais *licks* são acessíveis. Aqui estão os desenhos:

Arpejo estendido de Bbmaj9 na terceira posição

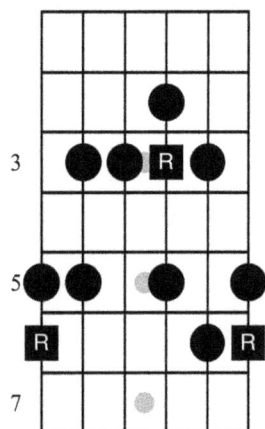

Arpejo estendido de Bbmaj9 na quinta posição

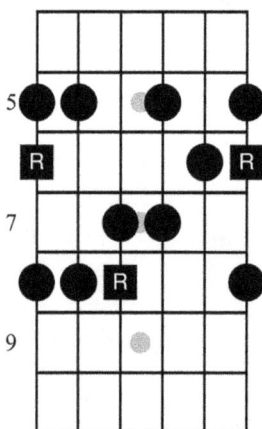

Arpejo estendido de Bbmaj9 na sétima posição

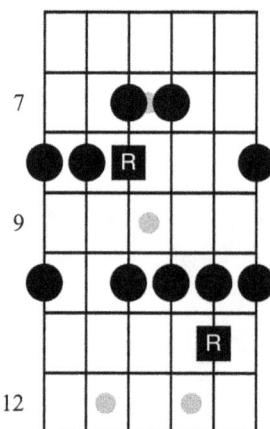

Arpejo de Bbmaj9 na terceira posição

Arpejo de Bbmaj9 na quinta posição

Arpejo de Bbmaj9 na sétima posição

Veja a seguir algumas linhas de exemplo usando arpejos de Bbmaj7 e Bbmaj9 sobre um acorde C9. Meu *lick* favorito aparece de novo na última metade do Exemplo 6a.

Exemplo 6a:

O Exemplo 6b começa com um padrão ascendente, descendendo em seguida com tercinas para adicionar interesse rítmico.

Exemplo 6b:

Uma abordagem simples, mas muito eficiente, é executar arpejos com clareza e movê-los pelo braço da guitarra usando inversões. O *lick* abaixo não soa clichê ao usarmos essa abordagem, pois estamos substituindo um acorde por outro.

Exemplo 6c:

O Exemplo 6d também é uma ideia bastante simples. O objetivo aqui é trazer o máximo de emoção para o fraseado. Ouça o áudio de exemplo e você perceberá que estou sendo deliberadamente preguiçoso no meu fraseado, com o objetivo de gerar uma sonoridade melancólica.

Exemplo 6d:

2. Escala e arpejos maiores uma quarta acima

Agora, vamos olhar para alguns exemplos usando a escala de F maior localizada a uma quarta acima do nosso acorde original C9.

Ilustrei abaixo um padrão baseado na escala de F maior estendida. Pelo fato da tônica de F maior estar localizada na primeira casa da sexta corda, é fácil construir um padrão de escala estendida que abrange o braço da guitarra. Novamente, selecionei arbitrariamente meus próprios pontos de transição para saltar pelas cordas e subir pelo braço da guitarra, mas há muito mais opções e você pode escolher o que lhe deixar mais confortável.

Eu chamo isso de um padrão baseado em escala, pois esse padrão ocasionalmente pula uma nota que você normalmente tocaria (se seu único objetivo fosse tocar a escala maior de um ponto a outro). Porém, neste exemplo, quero que você veja como é possível abranger o braço da guitarra com facilidade ao deslizar para a próxima posição. Aqui está o padrão:

Escala de F maior estendida

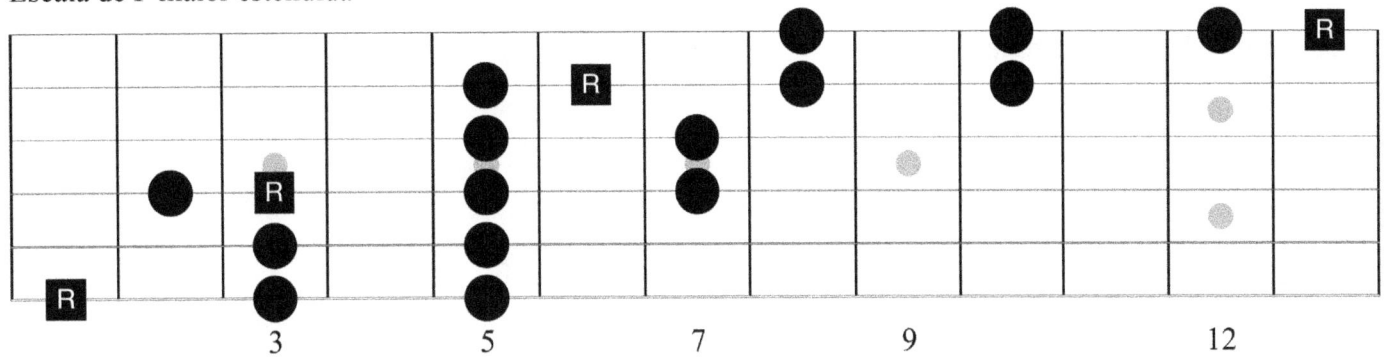

Na sexta corda, a tônica é tocada com o primeiro dedo, enquanto que a segunda nota é tocada com o terceiro dedo. A terceira nota é tocada ao deslizar o terceiro dedo, deixando sua mão posicionada para as notas seguintes. Você também irá deslizar na quarta corda, da quinta para a sétima casa. Novamente na segunda corda, deslize da oitava para a décima casa. Por fim, faça o mesmo na primeira corda, indo da oitava para a décima casa. Isso é ilustrado na imagem abaixo em tablatura e partitura, mostrando como deslizar pelas cordas e a digitação utilizada.

Escala de F maior estendida das casas 1 a 13

Aqui está um padrão alternativo da escala de F maior que eu gosto de usar bastante, apenas porque ela tem uma simetria natural com desenhos repetidos:

Escala de F maior estendida

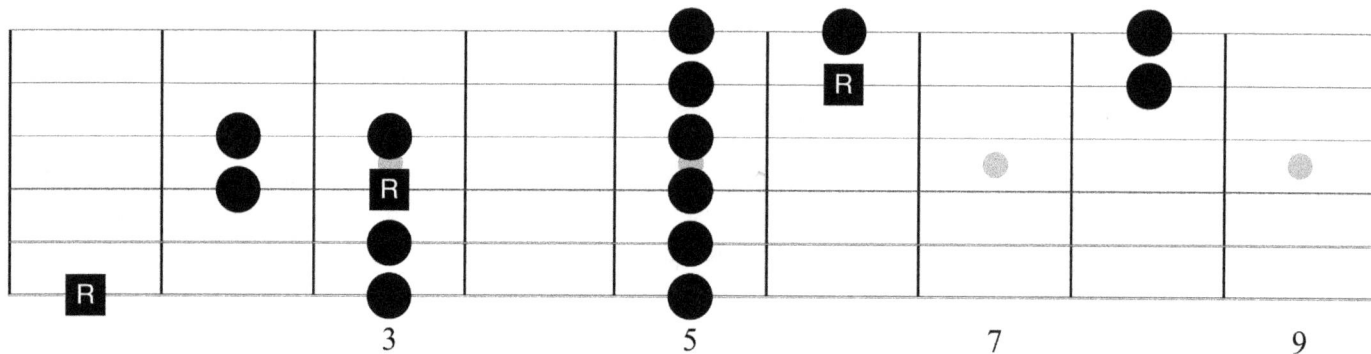

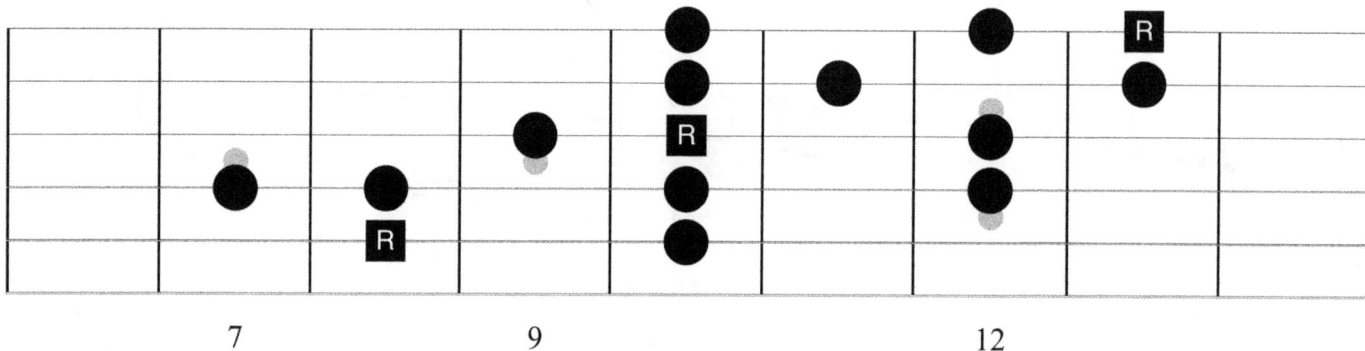

Aqui está o padrão em tablatura e partitura:

Padrão da escala de F maior estendida

Esta escala estendida de F maior começa com um F na oitava casa da quinta corda e sobe até o F agudo na décima terceira casa.

Escala de F maior estendida

Padrão da escala de F maior estendida

Alguns dos desenhos horizontais mais comuns de escala maior também produzem alguns *licks* bem interessantes, como este na quinta posição:

Escala de F maior na quinta posição

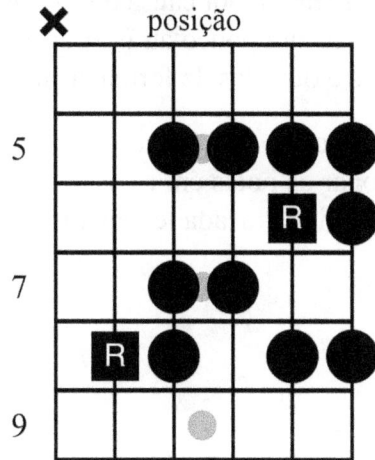

Veja abaixo alguns *licks* de exemplo, obtidos de todos os padrões vistos anteriormente.

O Exemplo 6e possui um padrão descendente de notas oscilantes.

Exemplo 6e:

O Exemplo 6f aproveita que a nossa escala de F maior estendida pode ser tocada com padrões de duas ou três notas por corda, facilitando a execução das tercinas.

Exemplo 6f:

Todos os grandes instrumentistas de jazz possuem a habilidade de "tocar no bolso". Em outras palavras: manter o *groove*, mas com muito *swing*. Pode levar tempo para desenvolver o seu *timing* e tocar dessa forma, e é muito comum ver instrumentistas apressando suas frases. Por causa disso, sugiro tocar de forma deliberadamente preguiçosa no início, para que você fique apenas um pouco atrás em cada batida. A melhor forma de desenvolver o seu *timing* é gravar as suas performances e ouvi-las de forma crítica.

Quando eu comecei a fazer isso, fiquei chocado com o meu *timing* horrível! Quanto mais você faz isso, no entanto, mais você aprende como posicionar as notas em relação à batida. Essa é a forma mais rápida que eu conheço de melhorar. O Exemplo 6g é uma linha tocada levemente atrasada no tempo.

Exemplo 6g:

Um dos melhores conselhos que eu já recebi sobre fraseados veio de Adrian Ingram, que simplesmente me disse "ouça alguns músicos de sopro!". Em outras palavras, quando você toca frases, respire! É isso que os músicos de sopro têm que fazer. O Exemplo 6h é uma linha com uma "pausa para respirar" no meio.

Exemplo 6h:

3. Acorde V do blues

No tom de G, nosso acorde V é D. Nossas linhas maiores substitutas virão de:

1. Um tom abaixo – D9 = Arpejos de C maior

2. Uma quarta acima – D9 = Escala de G maior

Todas as ideias que discutimos até agora funcionarão para o acorde D9, bastando uma transposição de um tom para cima no braço da guitarra. Ilustro abaixo esses arpejos e a escala.

Arpejo estendido de Cmaj9 na terceira posição

Arpejo estendido de Cmaj9 na quinta posição

Arpejo estendido de Cmaj9 na sétima posição

Arpejo de Cmaj9 na terceira posição

Arpejo de Cmaj9 na quinta posição

Arpejo de Cmaj9 na sétima posição

Veja a seguir a escala de G maior, mais uma vez estendida pelo braço da guitarra

Escala de G maior estendida

Padrão de escala de G maior estendida

Escala de G maior estendida

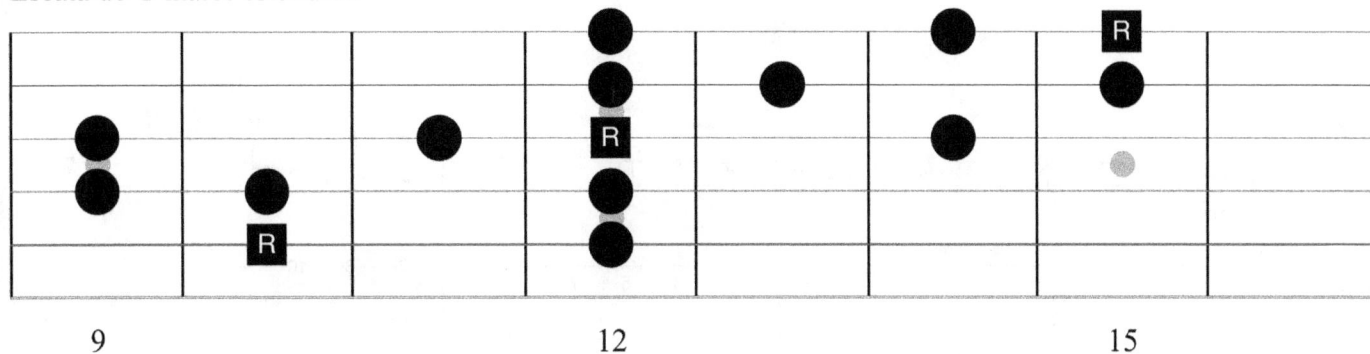

9   12   15

Padrão de escala de G maior estendida

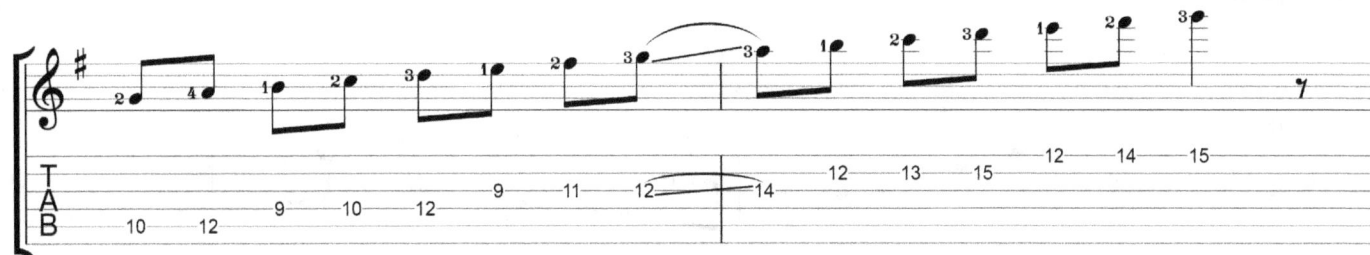

Vamos chamar a próxima escala de uma linha "customizada", baseada na escala de G maior. É um ótimo padrão simétrico que eu uso com frequência, porque é bastante simples de tocar ascendendo e descendendo. Também é interessante tocar como tercinas usando *hammer-on* (mas não me denuncie para a polícia do jazz por não palhetar todas as notas, ou serei colocado em uma cela ao lado de John Scofield!).

Escala de G maior estendida

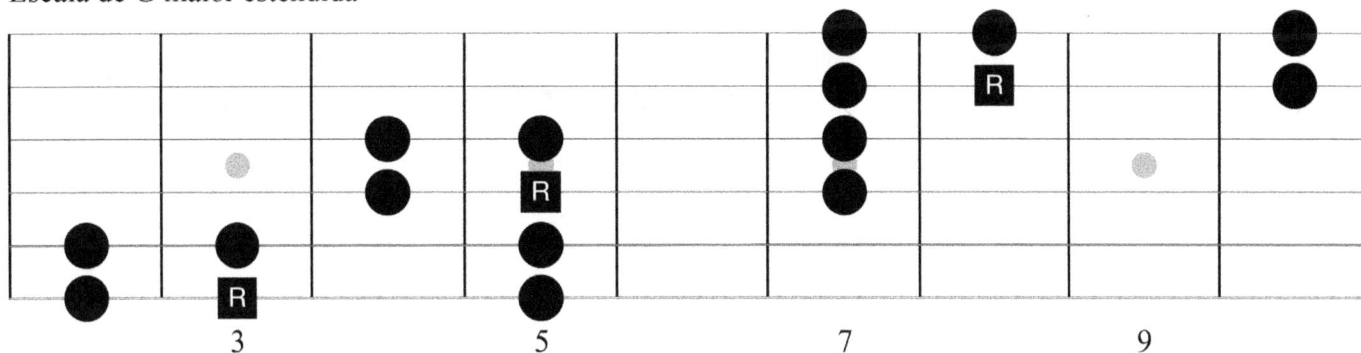

3   5   7   9

Concluímos este capítulo com alguns *licks* de exemplo que tomam como referência arpejos de Cmaj9 e a escala de G maior. O Exemplo 6i enfatiza a nota B de um arpejo de Cmaj9.

Exemplo 6i:

O Exemplo 6j abre com o tipo de ideia que Joe Pass preferia.

Exemplo 6j:

Por fim, aqui está uma ideia que usa nosso padrão "customizado" de escala de G maior em tercinas. É relativamente fácil de executar por causa do seu padrão repetitivo, mas muito eficiente sobe o acorde D9.

Exemplo 6k:

No capítulo seguinte, vamos consolidar as ideias de substituições maiores que aprendemos e tocá-las sobre toda a progressão de blues.

Capítulo 7. Juntando Tudo

Aplicando a segunda substituição sobre a progressão de blues

Acabamos de explorar duas ideias de substituição: substituir arpejos maj7 e maj9 um tom abaixo do acorde original e a escala maior uma quarta acima. Agora vamos trabalhar na aplicação desses conceitos para a progressão de blues completa.

Dividiremos a progressão de blues em trechos de quatro compassos, olhando para uma seção de cada vez. Estamos novamente trabalhando no tom de G.

Os quatro primeiros compassos

Nossos quatro primeiros compassos são: G13 – C9 – G13 – G13

Nosso centro tonal é predominantemente G, e nossas opções para as linhas são:

1. Arpejos maiores um tom abaixo – G13 = Fmaj7 ou Fmaj9

2. Escala maior uma quarta acima – G13 = C maior

Aqui estão algumas linhas obtidas dessas duas substituições. A primeira linha ascende uma frase em F maior e descende a escala de C maior.

Exemplo 7a:

Os dois primeiros compassos do Exemplo 7b combinam ideias de arpejos de Fmaj7 e Fmaj9. Os dois outros compassos têm como referência o desenho familiar e "tocado de uma vez" de Cmaj7, executado na sétima posição.

Exemplo 7b:

Esta linha é toda construída em torno de C maior, mas com uma nota cromática adicionada para dar sorte!

Exemplo 7c:

Aqui está uma linha no estilo "pergunta e resposta" de Wes, que com frequência começava a tocar com ideias de tercinas que injetavam energia e interesse nos seus solos.

Exemplo 7d:

Os outros quatro compassos

Os quatro compassos restantes são: C9 – C9 – G13 – G13

Sobre o acorde de C9, nossas opções para linhas substitutas são:

1. Arpejos maiores um tom abaixo – C9 = Bbmaj7 ou Bbmaj9

2. Escala maior uma quarta acima – C9 = F maior

Nosso segundo trecho da progressão de blues contém compassos de transição, ou seja, o movimento do acorde IV ao acorde I. Conforme discutido no Capítulo 4, nossas linhas podem tanto incluir e contornar essa mudança ou ignorá-la, dependendo do efeito musical que queremos atingir.

Aqui estão algumas linhas de exemplo. Algumas incluem a mudança; outras, simplesmente tocam direto.

No Exemplo 7e, a frase no primeiro compasso é construída a partir de um acorde de Bbmaj7, enquanto a frase no compasso dois vem de um Fmaj7 – criando um som quase estranho. Os dois compassos seguintes tentam resolver essa tensão.

Exemplo 7e:

O próximo *lick* é quase inteiramente construído a partir do acorde Fmaj7 tocado na quinta posição. Adicionei algumas notas cromáticas e a linha ignora a mudança de acorde, focando no F maior do início ao fim.

Exemplo 7f:

O Exemplo 7g usa o mesmo desenho do exemplo anterior e novamente destaca a nota E que fica no topo do acorde G13.

Exemplo 7g:

O Exemplo 7h começa expondo de forma clara o arpejo de Bbmaj7 sobre o acorde C9 e usa um desenho de escala de C maior que se repete sobre o G13.

Exemplo 7h:

Os quatro compassos finais

Sabemos que os quatro compassos finais contêm três mudanças de acordes para você executar, conforme a progressão se move do acorde V (D9) para o acorde IV (C9) e para o acorde I (G13). Quais são as nossas opções para tocar linhas substitutas? Vamos relembrar:

1. Sobre o acorde V de D9 podemos tocar:

   - Arpejos maiores um tom abaixo = linhas de arpejos de Cmaj7 e Cmaj9, ou

   - A escala maior uma quarta acima = escala de G maior

2. Sobre o acorde IV de C9:

   - Arpejos maiores um tom abaixo = linhas de arpejos de Bbmaj7 e Bbmaj9, ou

   - Escala maior uma quarta acima = escala de F maior

Perceba que há um bom número de opções melódicas para escolhermos, assim como podemos tocar livremente sobre as mudanças usando G maior ou menor pentatônica (ou qualquer substituição vista anteriormente). Para que você não fique confuso com o número de opções, sugiro manter a simplicidade e experimentar com apenas uma opção em cada trecho de quatro compassos, cristalizando a sonoridade na sua cabeça.

Lembre-se: nosso objetivo aqui é ampliar seu vocabulário de linhas melódicas de jazz utilizáveis, além de treiná-lo para ser capaz de *ouvir* e então *tocar* essas linhas.

Aqui estão alguns exemplos para praticar.

O Exemplo 7i substitui uma linha em Cmaj7 sobre um acorde D9, continua com a linha em Cmaj7 sobre C9 e pousa sobre uma nota G para dizer ao ouvinte que voltamos para o acorde I. Perceba a nota F que entrou neste *lick* e faz um trilo contra o E da linha em Cmaj7. Esse F "malandro", que não pertence a um arpejo de Cmaj7, pode ser visto vindo da escala pentatônica de G menor, mas já que ele pousa no acorde C9 da nossa progressão, temos uma pista de que o acorde subjacente pode ser um C11.

Exemplo 7i:

O Exemplo 7j toma essa mesma linha, mas sobe na direção da nossa nota alvo (G) em um padrão ascendente de notas oscilantes.

Exemplo 7j:

O Exemplo 7k usa um *lick* familiar em forma de Cmaj7 na oitava posição, com algumas notas cromáticas adicionadas, antes de descender em um território familiar de blues com um *lick* pentatônico em G maior.

Exemplo 7k:

O Exemplo 7l é uma linha em Cmaj7 que sobe pelo braço da guitarra, ascendendo enquanto os acordes descendem.

Exemplo 7l:

Agora, vamos experimentar com uma substituição diferente. Dessa vez, vamos tocar algumas linhas substitutas sobre o acorde IV de C9, sem mudar os outros acordes. Lembre-se que nossas opções sobre o acorde C9 são tanto as tonalidades de *F maior* e *Bb maior*.

O Exemplo 7m começa com um pequeno *lick* pentatônico de blues em G maior, para em seguida tocar um arpejo de Bbmaj7 sobre o acorde C9 antes de resolver em outro *lick* pentatônico.

Exemplo 7m:

O Exemplo 7n toca um *lick* simples de abertura em G maior, seguido de uma sequência de semicolcheias que delineiam um acorde de Fmaj7. A resolução fica por conta de uma nota G.

Exemplo 7n:

O próximo exemplo começa com a mesma linha de abertura do Exemplo 8n, incorporando uma ideia de tercinas que caracteriza um acorde de Bbmaj7, seguido por um acorde de Fmaj7 contra o C9.

Exemplo 7o:

Por fim, aqui estão algumas linhas que combinam mais de uma substituição. A primeira linha começa com um *lick* em Cmaj7 sobre o acorde D9, repetindo em seguida um fragmento do acorde maj7 e descendendo cromaticamente pelo braço da guitarra. No momento que alcançamos o acorde C9, estamos tocando um *lick* em Bbmaj7, e a linha melódica acaba sendo resolvida em G para terminar com um *lick* familiar de blues.

O *lick* soa (e parece no papel) mais impressionante do que ele realmente é. No compasso dois, segure o fragmento de acorde de três notas do início ao fim. Execute o *rake* e deslize o seu primeiro dedo para baixo em uma casa de cada vez. Pratique lentamente para tornar esse movimento fluido.

Exemplo 7p:

Este próximo exemplo usa a substituição da maior uma quarta acima para delinear um Gmaj7 sobre o acorde D9 e então um Fmaj7 sobre um acorde C9. Há uma permanência breve sobre uma nota E (a nota do topo do nosso acorde G13 na terceira posição) antes da resolução em uma nota B (a terça maior do acorde I).

Exemplo 7q:

O Exemplo 8r funde *licks* de C maior e D menor sobre o acorde de D9 e repete o padrão com Bb maior e C menor sobre o acorde C9, antes da resolução em uma ideia pentatônica maior de blues sobre G13.

Exemplo 7r:

Por fim, aqui está uma linha mais simples que fica no território de C maior, mas adiciona notas de aproximação cromática antes da resolução no acorde I (G13).

Exemplo 7s:

Antes de irmos para o próximo capítulo, como um pequeno adendo, há mais uma coisa que vale ser mencionada: essas substituições podem funcionar tão bem sobre um *blues menor* quanto sobre um *blues maior*, produzindo algumas notas de tensão bastante interessantes.

Talvez você tenha familiaridade com o clássico *Comin' Home Baby* – um blues em G menor. Originalmente instrumental, a versão mais famosa dessa composição foi gravada pelo vocalista Mel Tormé, depois da letra ter sido adicionada. Desde então, esta música agraciou as trilhas sonoras de programas de TV e comerciais. Veja abaixo as mudanças de acordes:

A música começa com um Gm7, mudando para um Cm7 conforme esperado (embora algumas versões substituam um acorde de Eb7 pelo acorde de Cm7). Então, em vez de ir pelo caminho esperado do acorde V (D7), uma progressão cromática gravita de volta para o Gm7 (Bb7, A7 e Ab7). O Ab7 é uma substituição de um trítono – o b5 do D7.

Nessa música você pode tocar:

1. Arpejos e escalas de F maior sobre o acorde I de Gm7

2. Bb maior sobre o acorde II de Cm7

3. Se você está tocando a versão que tem Eb7 em vez de Cm7 como o segundo acorde, linhas em Bbm soarão muito bem (a menor uma quinta acima)

4. Para a descida cromática de volta para Gm7, *licks* pentatônicos de blues que vão direto ao ponto funcionam muito bem.

Ouça esta linha em F maior sobre o acorde de Gm7. Ela cria um som aberto com bastante movimento, mas não será resolvida a não ser que você volte para um *lick* pentatônico em G menor.

Exemplo 7t: F maior sobre o acorde de Gm9

Invista tempo para ouvir algumas músicas de jazz blues, tocadas por diferentes guitarristas, e ouça como eles improvisam sobre as mudanças. Você provavelmente irá identificar linhas que vêm das técnicas que discutimos. Se você gostar de alguma dessas linhas, isole-a e tente tocá-la de ouvido. A seguir, veja se consegue identificar que tipo de substituição o guitarrista está usando. É um verdadeiro momento de epifania quando você ouve uma linha, aprende essa mesma linha e consegue ver o raciocínio do guitarrista por trás de tudo.

No próximo capítulo vamos explorar mais algumas ideias para temperar o que aprendemos até agora. Colocaremos estes conceitos em prática sobre toda a progressão de blues.

Capítulo 8. Conceitos Criativos Adicionais

No capítulo nove iremos ver três composições de blues completas em diferentes tons e combinaremos todas as ideias musicais que adicionamos ao nosso arsenal. Antes de fazermos isso, eu gostaria de mostrar algumas ideias criativas que, do meu ponto de vista, ajudarão você a obter o máximo na execução da progressão simples de três acordes de blues.

Observação importante: não podemos esquecer que todas as ideias e conceitos neste livro são apresentados por um motivo: *para quebrar as barreiras da sua forma de tocar e atingir um estilo livre de improvisação.* O objetivo é agrupar ideias criativas, conhecimento e técnicas para que você esqueça daquilo que lhe prende e simplesmente toque o que ouvir na sua cabeça.

O grande guitarrista de jazz Jimmy Bruno disse uma vez: "ninguém discute no palco qual escala tocar sobre um acorde". Em outras palavras, em situações que instrumentistas enfrentam na vida real, devemos nos preocupar em contar uma história envolvente através da nossa execução, sem tentar exibir linhas "inteligentes".

Veja agora algumas ideias para temperar ainda mais as linhas de substituição que você aprendeu:

1. Notas cromáticas

Já ouvi guitarristas de jazz falarem sobre "todas as notas" em uma determina posição como opções para improvisar. Deixe-me ilustrar o significado disso e como aplicar essa ideia na sua forma de tocar.

Uma das ideias que exploramos no capítulo anterior era substituir a escala maior uma quarta acima de um acorde dado. Vamos tomar o acorde I que temos usado (G13). Nossa substituta será a escala de C maior.

Olhe para essa escala descendente de uma oitava em C maior na quinta posição:

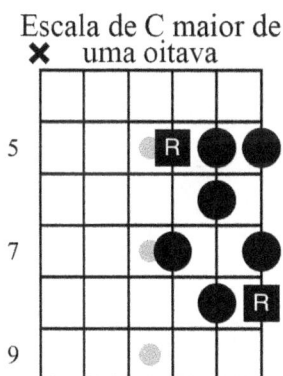

Escala de C maior de uma oitava

Agora, vamos incluir todas as notas possíveis entre a nota inicial e a nota final, sem mudar a posição da mão.

C maior com notas
cromáticas adicionadas

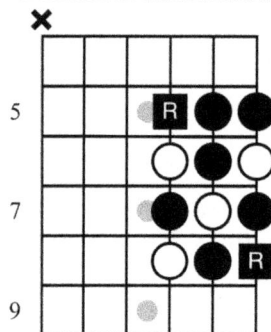

O efeito desse movimento é que adicionamos quatro notas cromáticas na escala de C maior (mostradas como círculos em branco), efetivamente fornecendo-nos uma escala de 12 notas para tocarmos. Ao usar essas notas cromáticas, nós podemos começar a criar algumas linhas interessantes baseadas no desenho *standard* de C maior que conhecemos bem. Acredito que você irá concordar que é possível tocar algumas linhas de bebop com boa sonoridade sobre o acorde de G13, sem muito esforço.

"Mas...", estou ouvindo você protestar, "isso não significa que você poderia tocar *cada uma das notas* de um ponto a outro?". Sim, você poderia. Mas isso não soaria tão melodioso. Recomendo que você invista tempo para explorar essas notas adicionais e ver como você consegue usá-las para mirar nas notas da escala. É nessa exploração que você vai encontrar os *licks* e frases que realmente chamam a sua atenção, expressando a sua personalidade musical. O truque dessa técnica é visualizar o padrão *standard* da escala maior no braço da guitarra e usar quaisquer notas cromáticas que você achar adequadas para ligar os pontos.

Abaixo estão alguns exemplos de frases de quatro compassos para mostrar o que você pode alcançar com essa técnica.

Exemplo 8a:

No meio da agitação de notas cromáticas, sempre procuro colocar as notas importantes dos acordes na batida, enfatizando essas notas mais do que as notas de aproximação.

Exemplo 8b:

O Exemplo 8c utiliza a tensão criada pela penúltima nota de sonoridade "estranha", antes da resolução em uma nota de acorde.

Exemplo 8c:

Com sorte, você irá começar a entender a ideia de como é possível criar linhas que são tecidas em torno dos acordes, simplesmente usando notas cromáticas para mirar nas notas importantes que falam aos nossos ouvidos onde está o centro tonal da peça.

Exemplo 8d:

Note como o uso das notas cromáticas adiciona *momentum* a essas linhas conforme elas gravitam para as importantes notas da escala. Até agora, apenas usamos um pequeno fragmento de C maior em uma posição do braço da guitarra, mas aplicar esse conceito já abriu algumas ideias interessantes.

Agora vamos olhar para o que acontece se continuarmos descendendo a escala de C maior pela próxima oitava. Para isso, também estou mudando a posição (em vez de ficar na quinta posição), porque isso abre a possibilidade de tocar algumas linhas interessantes que se movem verticalmente para cima e para baixo no braço da guitarra. Aqui está o padrão da escala de C maior que usaremos:

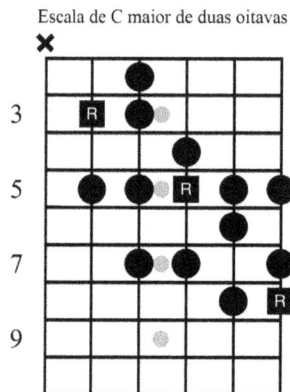

Escala de C maior de duas oitavas

Aqui está a mesma escala de C maior de duas oitavas com notas cromáticas adicionadas

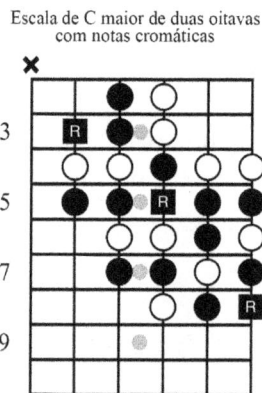

Escala de C maior de duas oitavas
com notas cromáticas

À primeira vista, este diagrama pode parecer um pouco complicado. Veja como usá-lo:

i) Tome uma pequena parte e trabalhe com as notas cromáticas nessa seção para ver quais *licks* você consegue encontrar

ii) Quando você descobrir uma frase que você gosta, repita-a acima e abaixo da oitava para ouvir como ela soa em cada posição

iii) Use quaisquer notas cromáticas que você precisar para juntar a frase que se repete

A regra de ouro é: comece com simplicidade e se torne mais aventureiro ao adicionar frases maiores e mais complexas ao seu vocabulário.

Mais uma vez, para começar, aqui estão algumas linhas criadas por mim que utilizam notas cromáticas e se estendem sobre duas oitavas da escala de C maior. Cada ideia abrange os quatro primeiros compassos do blues. Eu não deixei de adicionar o *lick* pentatônico "estranho" de blues.

Exemplo 8e:

Pra ilustrar, o Exemplo 8f não tem a pausa para "respirar" sobre a qual escrevi antes. Pode soar bastante complexo em um primeiro momento, mas volte para o diagrama da escala de C maior *sem* as notas cromáticas e lembre-se onde as notas caem no braço da guitarra.

Quando você experimentar essa técnica, visualize o padrão da escala no braço da guitarra. Preencha os espaços restantes com notas cromáticas e toque até obter uma sonoridade que lhe agrada. Quando você encontrar uma frase que lhe deixar satisfeito, mova-a pelo braço da guitarra.

Exemplo 8f:

Exemplo 8g:

Exemplo 8h:

2. *Insinue* acordes que não estão presentes

Uma técnica empregada por muitos músicos de jazz é *insinuar* mudanças de acordes que não estão escritas na música. *Insinuar* outras mudanças, que não são originais à harmonia da música, permite aos solistas usufruir dessas tonalidades nas improvisações.

Para um ótimo exemplo disso, ouça qualquer gravação do pianista Kenny Kirkland, que com frequência empregava essa técnica. Quando Kirkland toca um solo, você ouvirá que ele pontua cada linha de notas individuais com acordes rápidos (como que em *staccato*). Quando ele quer levar seus solos em direções diferentes, ele toca um acorde rápido de outra tonalidade antes de tocar a linha naquela tonalidade. É uma indicação aos ouvintes: "estou levando a música para um lugar diferente!"

Existem inúmeras formas nas quais músicos de jazz alteraram o blues para criar interesse harmônico, adicionando mudanças de acordes e substituições, mas esse não é o assunto principal deste livro. Aqui discutiremos apenas algumas ideias simples para estimular o seu pensamento e futuras explorações. Algumas das ideias mais comuns que músicos de jazz usam são:

a) O trítono ou b5

O exemplo abaixo imagina uma substituição b5 ocorrendo antes que a progressão retorne para o acorde I, ou seja, substituindo um acorde um intervalo b5 distante do acorde original.

Em vez de tocar D9 e C9, antes da resolução em G13, nós vamos ignorar o acorde C9 e colocar o b5 de D9 no seu lugar, que é um acorde Ab dominante. Para manter o clima jazz, faremos um acorde de décima terceira. Portanto, nossos quatro últimos compassos serão:

D9 – Ab13 – G13 – G13

Essa substituição funciona bem, porque o Ab13 navega de volta para o acorde I (G13). Isso cria uma tensão forte que é rapidamente resolvida. A introdução desse novo acorde, que não pertence às mudanças originais, abre mais possibilidades para linhas interessantes que também adicionam tensão.

Poderíamos apenas tocar linhas pentatônicas em Ab maior ou menor que são resolvidas em frases em G maior ou menor, e isso funcionaria bem. Muito mais interessante, no entanto, seria tocar linhas em Eb menor sobre Ab13. Sobre esses quatro compassos finais, podemos tocar:

Arpejo/escala de A menor	Arpejo/escala de Eb menor	Arpejo/escala de D menor	G maior pentatônica
D9	Ab13	G13	G13

Isso nos possibilita tocar algumas linhas bastante interessantes no espaço de quatro compassos. A mudança de semitom das linhas em Eb menor para as linhas em D menor é um movimento que possibilita algumas linhas do tipo "pergunta e resposta".

Aqui estão alguns *licks* baseados na progressão de acordes delineada acima. O Exemplo 8i desenha um acorde Am7 no primeiro compasso, Ebm7 no segundo compasso e Dm6 no terceiro compasso antes de tocar um *lick* pentatônico simples em G maior no quarto compasso.

Exemplo 8i:

O Exemplo 8j sorrateiramente adiciona uma substituição de uma substituição no segundo compasso! Nosso acorde original no blues *standard* é C9. Colocamos um Ab13 no seu lugar. No compasso dois, estou usando uma ideia em F#maj7 – a maior um tom abaixo de Ab13. A beleza dessa linha em particular é que nós estamos tocando uma frase muito similar transposta para cima em um semitom.

Exemplo 8j:

É bastante comum introduzir uma substituição b5 no quarto compasso no início de um blues, para preceder a mudança de acorde no compasso cinco. Em vez de tocar,

G13 – C9 – G13 – G13

Podemos tocar,

G13 – C9 – G13 – Db9

Isso significa que teremos um compasso inteiro de tensão antes da resolução em um previsível acorde C9 no compasso cinco. Nesse caso, o esquema do solo terá a seguinte aparência:

G maior pentatônica	Escala de G menor	G maior pentatônica	Escala de Ab menor
G13	C9	G13	Db9

Aqui estão duas linhas de exemplo que usam essa abordagem.

Exemplo 8k:

Exemplo 8l:

b) Transpondo para cima em uma terça menor

Outra mudança comum e implícita é transpor mudanças de acordes ou ideias melódicas para cima em uma terça menor. Em vez de tocar os últimos quatro compassos da nossa progressão de blues desta forma:

D9 – C9 – G13 – G13

Podemos tocar:

D9 – F9 – G13 – G13

Em vez de tocar o acorde C9 esperado, a ideia é transpor o D9 para cima em uma terça menor (quatro casas) para o F9.

Outro sistema que músicos de jazz utilizaram para alterar a progressão *standard* de blues ao longo dos anos é antever um acorde V com o seu acorde II. Por exemplo, podemos adicionar um acorde Am de passagem antes do D9. Depois, quando transpormos esta ideia para cima em uma terça menor, podemos adicionar um Cm de passagem antes do F9. Agora a nossa progressão está assim:

Am D9 – Cm F9 – G13 – G13

Nosso esquema de solo resultante fica assim:

Escala de A menor	Escala de C menor	Escala de D menor	G maior pentatônica
Am D9	Cm F9	G13	G13

Aqui está um *lick* evocativo de Joe Pass, que segue esse esquema:

Exemplo 8m:

De forma alternativa, podemos usar a escala maior uma quarta acima do acorde G13 antes da resolução, criando uma sonoridade interessante de C menor para C maior:

Escala de A menor	Escala de C menor	Escala de C maior	G maior pentatônica
Am D9	Cm F9	G13	G13

Aqui está outra linha inspirada em Joe Pass, para demonstrar a sonoridade.

Exemplo 8n:

Espero que essas ideias tenham estimulado você a pensar, abrindo ainda mais possibilidades para unir o jazz ao blues, possibilitando a criação de linhas interessantes de bebop. Valerá a pena investir tempo nesses conceitos para obter o máximo deles antes de seguir em frente.

No capítulo final, colocaremos em prática todos esses conceitos que aprendemos, através de três músicas completas de blues em diferentes tons.

Capítulo 9. Colocando em Prática

Chegou a hora de reunirmos e colocarmos em prática todas as ideias discutidas nos capítulos anteriores, colocando-as em uso com algumas peças completas de blues. Mencionei anteriormente que, quando tocamos jazz blues em diferentes tons, o fato de sermos forçados a solar em posições diferentes do braço da guitarra sugere diferentes *licks* e sequências de notas. É bom sair da zona de conforto e tocar coisas que normalmente não tocaríamos. Por esse motivo, vamos "atacar" o blues em alguns tons diferentes.

Este capítulo contém três blues diferentes para você praticar: um no tom exemplo de G, outro em Bb e outro em F. Eles estão em tempos diferentes e o blues em G tem compasso 6/8.

Para cada blues, improvisei um solo que abrange quatro refrãos completos. Todos os solos transcritos nas próximas páginas podem ser baixados gratuitamente em áudio, para que você ouça como eles devem soar. Você também tem as *backing tracks* para tocar junto, sem a parte da guitarra solo, de forma que você pode praticar tudo que foi aprendido aqui e experimentar com suas ideias.

Para cada blues, eu vou dar a você:

- Uma música de sugestão para ouvir, no mesmo tom e com mudanças similares

- Comentários sobre quaisquer alterações que foram feitas na progressão de blues *standard*.

- Esquemas de solos sugeridos que funcionarão bem sobre essas mudanças

Eu sugiro que você trabalhe sobre cada solo e quebre-o em trechos viáveis. Sinta-se à vontade para mergulhar de cabeça em qualquer ponto e tomar um *lick* que chama a sua atenção. Pegue esse *lick* e o transfira para outros tons e posições no braço da guitarra. Adapte-o de formas que façam sentido aos seus ouvidos e gosto pessoal. Em outras palavras, faça com que todos esses *licks* sejam seus – dessa forma, eles com certeza serão incorporados como parte do seu vocabulário musical.

Acima de tudo, divirta-se e aproveite esse processo!

Blues para Praticar No1 – G

Música de referência: *All Blues*, de Miles Davis

Comentário sobre as mudanças: estamos facilitando as coisas com um blues em G sem surpresas harmônicas, a não ser a mudança no compasso dez. O compasso nove contém o acorde V de D7 esperado, mas em vez de se mover para baixo, para o acorde IV de C7, essa progressão se move para cima em um semitom para Eb7 e volta a descer para D7. É um sistema simples, mas muito eficiente, que dá a tensão que essa música precisa, por ser uma peça com uma estrutura simples de acordes.

A única coisa que é diferente nessa música é o compasso 6/8. Acredito que isso confere à música um clima mais aberto, permitindo que você toque algumas linhas de blues mais livres e que não se encaixam perfeitamente no tempo. O fato de a progressão ficar em G7 durante os quatro primeiros compassos, enquanto tocamos linhas substituídas no topo, confere uma sonoridade quase modal.

Esquema de solo sugerido

Compassos 1-4:

G maior/menor pentatô-nica	G maior/menor pentatô-nica	D menor	D menor
G7	G7	G7	G7

Compassos 5-8:

G menor	Bb maior	D menor	C maior
C7	C7	G7	G7

Compassos 9-12:

A menor	Bb menor	G maior/menor pentatô-nica	G maior/menor pentatônica
D7#9	Eb7#9 D7#9	G7	G7

Exemplo 9a: Blues para Praticar No1 em G

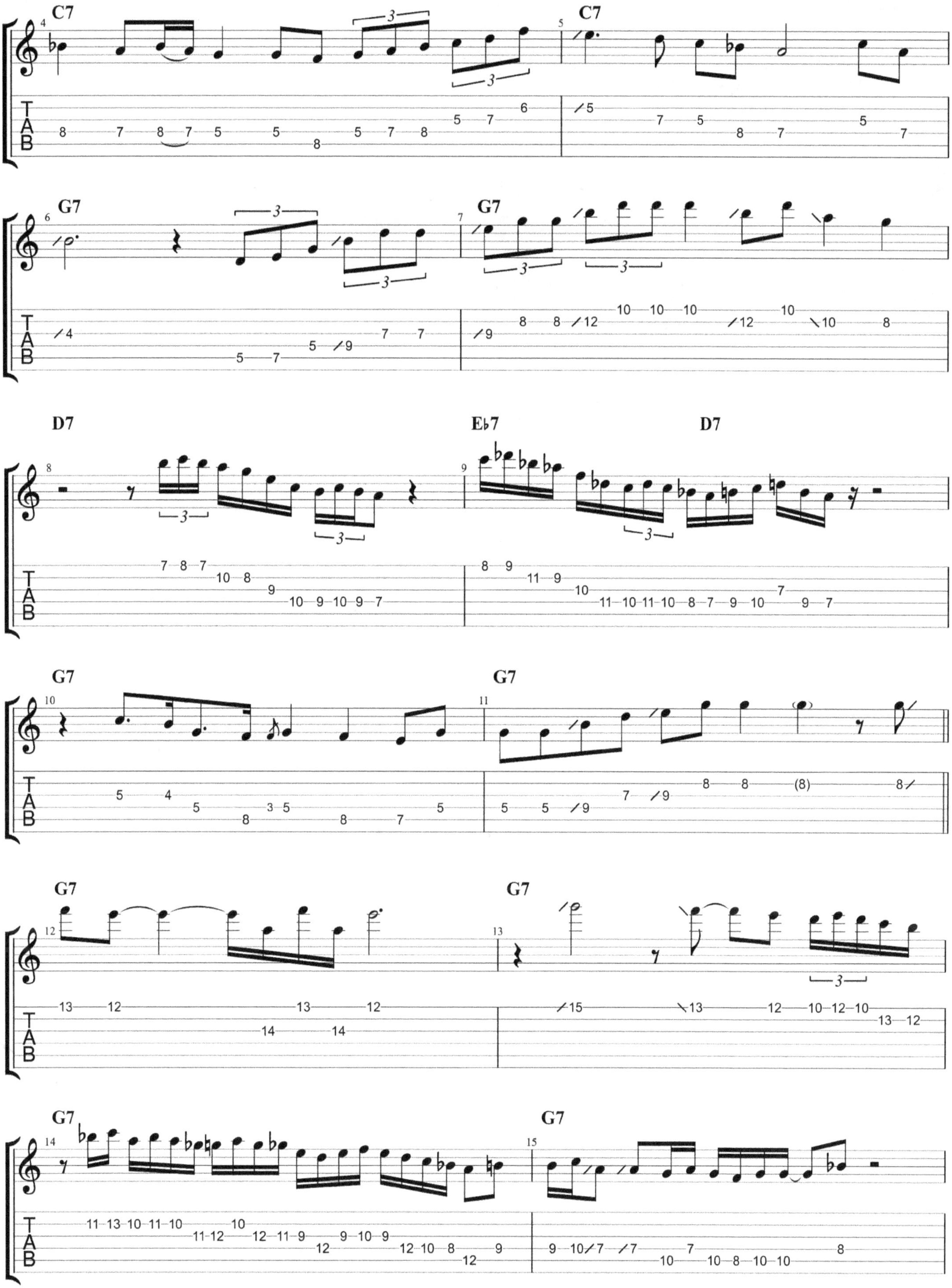
C7
C7
G7
G7
D7
E♭7
D7
G7
G7
G7
G7
G7
G7

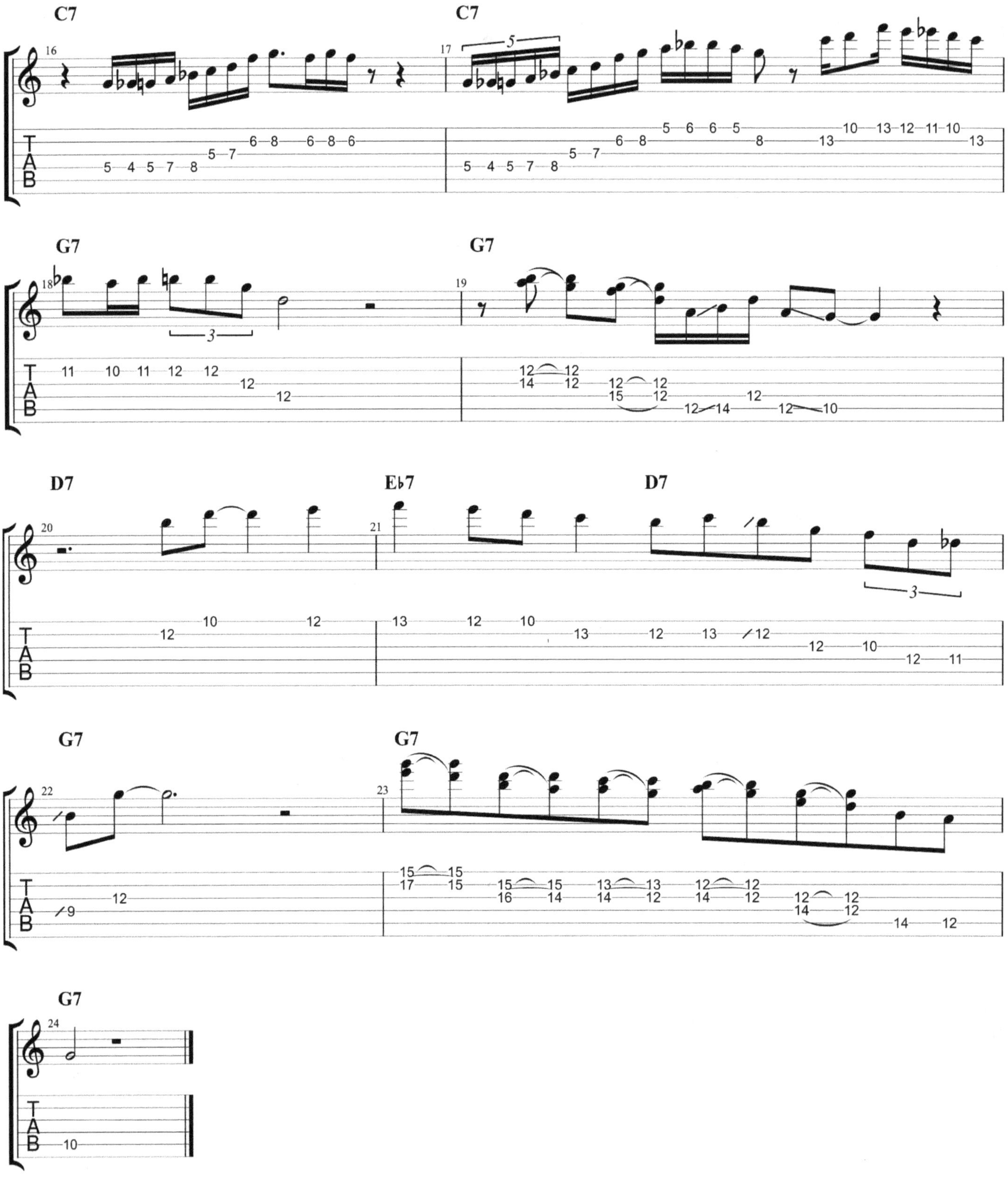
C7
C7
G7
G7
D7
E♭7
D7
G7
G7
G7

Blues para Praticar No2 - Bb

Música de referência: *Blue Monk*, de Thelonious Monk

Comentários sobre as mudanças: este blues usa uma mudança rápida no compasso dois, movendo-se rapidamente para o Eb7 e criando movimento, antes de voltar para o acorde I de Bb7. De forma incomum, o acorde V de F7 também é adicionado durante duas batidas no compasso três, mas já que esse acorde está de passagem, não o levaremos em conta para fazer o solo. O compasso dez ignora o acorde IV (Eb7), optando por ficar no acorde V (F7).

Uma boa adição no compasso seis é o E° (E diminuto). Não falamos em solar sobre acordes diminutos nesse livro – esse é um assunto que renderia muito capítulos. Sem se aprofundar muito, ofereço uma maneira simples de "negociar" esse acorde e ainda ficar em território familiar.

Acordes diminutos podem ser pensados como sendo construídos da b9 de um acorde de sétima dominante. O acorde "progenitor" de E° é, portanto, C7b9.

Talvez você conheça o *standard* de jazz *Have You Met Miss Jones*. Em algumas versões, os acordes nos compassos de abertura são escritos como

F – **F#°** – Gm7 – C7

Enquanto que em outras versões temos a sequência mais previsível

F – **D7b9** – Gm7 – C7

É uma progressão simples I VI II V e, na primeira versão, F#° foi substituído, embora sirva ao mesmo propósito do acorde D7b9.

No nosso blues em Bb vamos tratar o E° como se fosse um acorde de C7b9, tocando linhas em Bb maior e G menor sobre ele.

Esquema de solo sugerido

Compassos 1-4:

Bb pentatônica maior	Bb menor	F menor	F menor
Bb7	Eb7	Bb7 F7	Bb7

Compassos 5-8:

Bb menor	Bb maior / G menor	F menor	Bb pentatônica maior
Eb7	E°	Bb7 F7	Bb7

Compassos 9-12:

C menor	C menor	Bb pentatônica maior	Bb pentatônica maior
F7	F7	Bb7	F7

Exemplo 9b: Blues para Praticar No2 em Bb

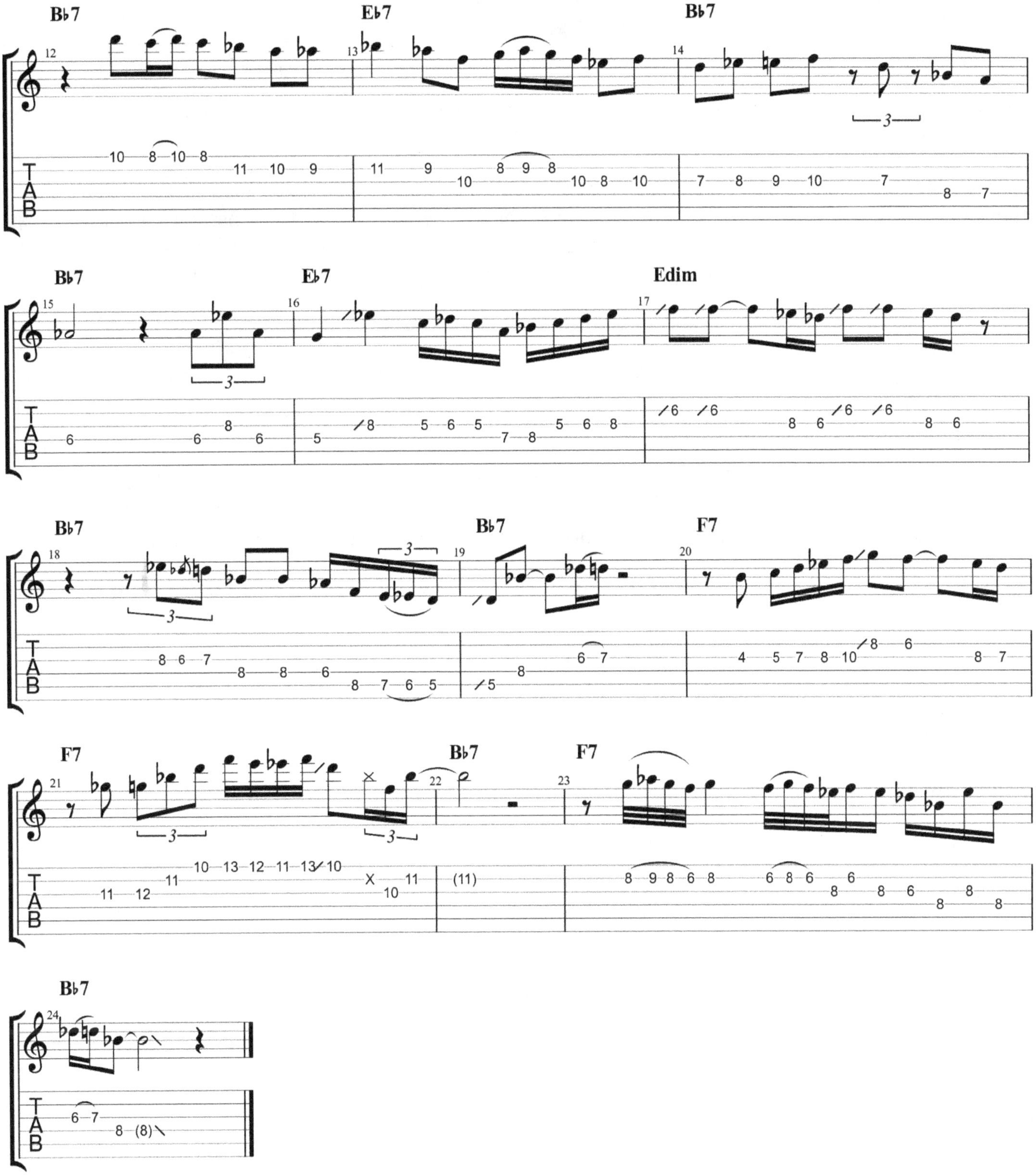
Bb7
Eb7
Bb7
Bb7
Eb7
Edim
Bb7
Bb7
F7
F7
Bb7
F7
Bb7

Blues para Praticar No3 - F

Música de referência: *Billie's Bounce*, de Charlie Parker

Comentário sobre as mudanças: nosso último blues tem algumas mudanças a mais do que as progressões anteriores. Pela primeira vez veremos uma virada I VI II V nos dois últimos compassos.

Com o advento do bebop e sua ênfase em complexidade e virtuosismo, os músicos de jazz escreveram muitas alterações aos acordes *standard* das músicas, com o objetivo de ter uma fundação harmônica mais rica para solar. Ouça *Blues for Alice* de Charlie Parker e você entenderá o que quero dizer. A música foi alterada de tantas formas que você pode ser perdoado por não a reconhecer como um blues – embora ela seja.

Este blues não foi alterado tão radicalmente, mas ele tem alguns detalhes interessantes.

No compasso dois podemos ver outro acorde diminuto. Bº está relacionado a G7b9, então podemos tocar linhas em D menor sobre ele.

No compasso oito, esse blues faz uma coisa comum a muitas peças de jazz blues e se move para o acorde VI. No tom de F maior, normalmente teríamos um acorde de D menor, mas, pelo fato de ser um jazz blues, há a conversão para um acorde de sétima dominante. Mais uma alteração foi feita ao precedê-lo com um acorde Am. A ideia aqui é imaginar que o D7 é o acorde V de outro tom e precedê-lo com seu acorde II relacionado, daí Am – D7.

Podemos ver uma ideia similar no compasso nove. Em vez de tocar direto um C7, ele é precedido pelo seu acorde II relacionado (Gm).

Com esse solo, tomei um caminho consonante com o estilo de Pat Martino, convertendo tudo para a tonalidade menor.

Esquema de solo sugerido

Compassos 1-4:

C menor	F menor / D menor	C menor	C menor
F7	Bb7 Bº	F7	F7

Compassos 5-8:

F menor	F menor	C menor	A menor
Bb7	Bb7	F7	Am D7

Compassos 9-12:

G menor	G menor	C menor	C menor
Gm	C7	F7 D7	Gm C7

Exemplo 9c: Blues para Praticar No3 em F

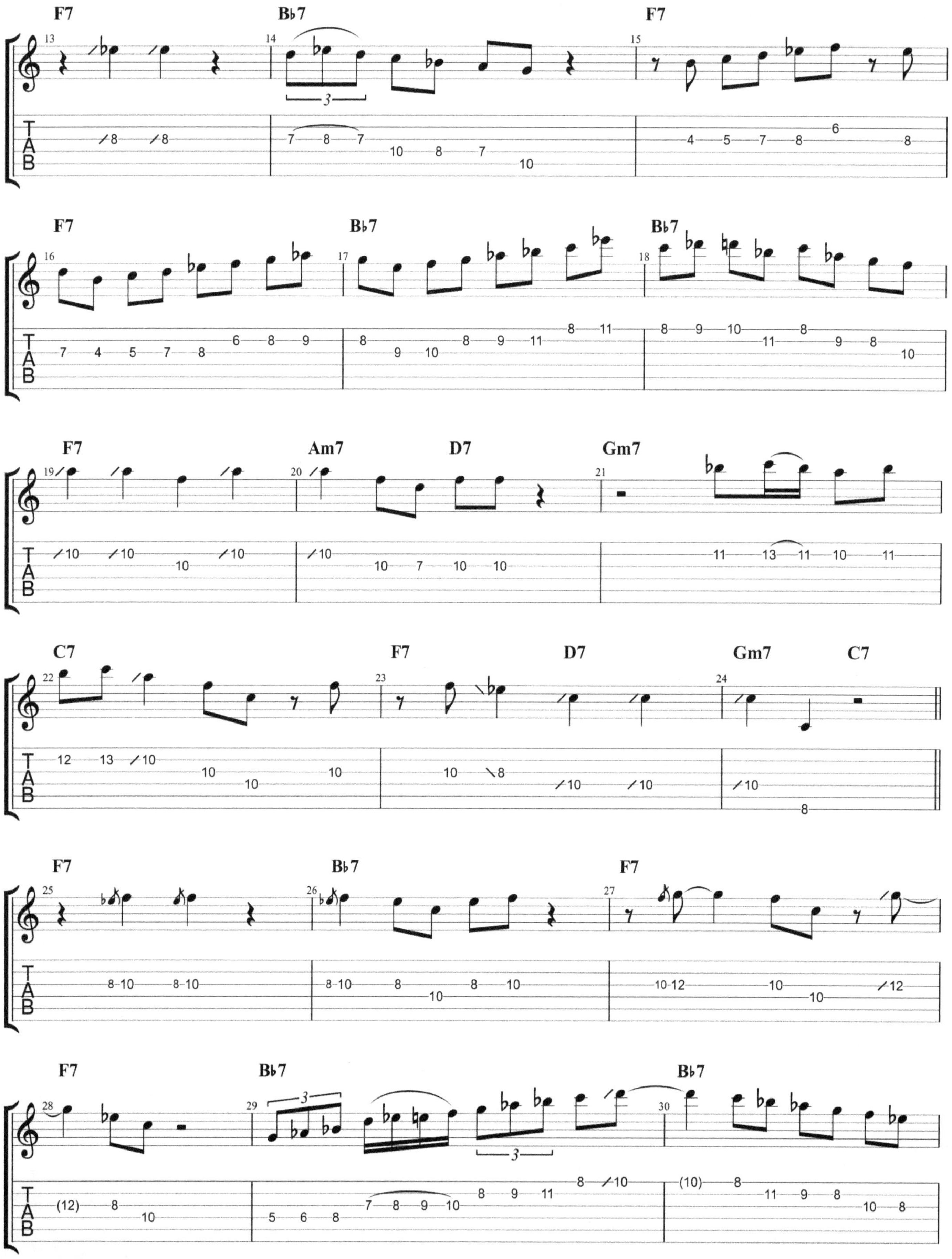
F7
B♭7
F7
F7
B♭7
B♭7
F7
Am7
D7
Gm7
C7
F7
D7
Gm7
C7
F7
B♭7
F7
F7
B♭7
B♭7

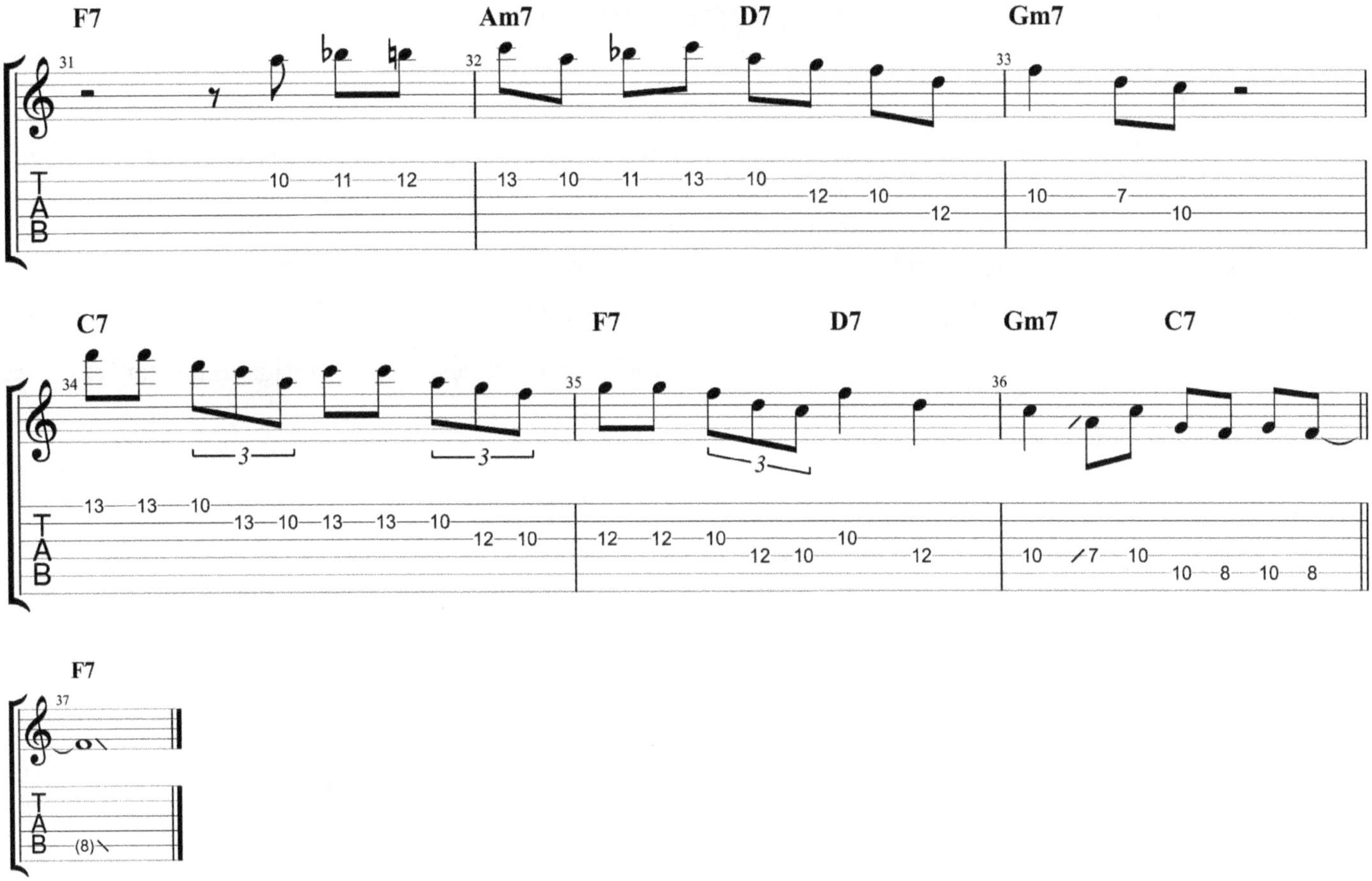
F7
Am7
D7
Gm7
C7
F7
D7
Gm7
C7
F7

Palavras Finais

Espero que você tenha se divertido ao experimentar as substituições deste livro, e que elas tenham aberto uma gama de sonoridades que, de outra forma, você não teria explorado. Para se aprofundar nesse estilo, sugiro improvisar sobre as *backing tracks* fornecidas, limitando-se a uma substituição por vez. Use apenas a substituição da menor uma quinta acima sobre todos os acordes do blues, até que a sonoridade esteja bem cristalizada. A seguir, escolha uma substituição diferente para explorar, antes de finalmente combinar as duas ideias.

Por fim, ouça várias músicas e tente identificar *licks* que você aprendeu neste livro. Obrigado por ter feito essa jornada comigo e divirta-se tocando guitarra.

www.ingramcontent.com/pod-product-compliance
Lightning Source LLC
Chambersburg PA
CBHW081432090426
42740CB00017B/3282

9 781789 330687